阿蘇くじゅうに咲く
ミヤマキリシマ
（阿蘇くじゅう国立公園）

BRAND BOOK

国立公園を旅する

企画
日本国際放送

編集
NHK出版

協力
環境省

BRAND BOOK

国立公園を旅する

目次

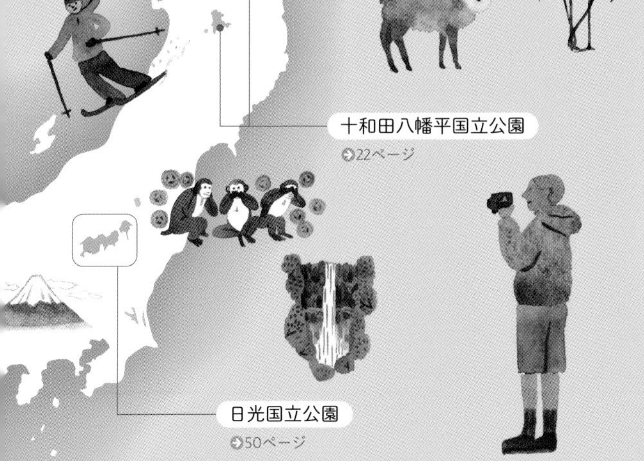

第2特集

国立公園 その自然には物語がある

世界に誇る日本の国立公園美

巻頭Column

涌井史郎
東京都市大学　特別教授

日本の自然は厳しい。常に災害と背中合わせといっても過言でないほどである。そしてモザイックのように千変万化でもある。その特質は、ひとえに日本列島を貫く脊梁《せきりょう》山脈。それも火山地形と、その列島を取り巻く複雑多岐な海流からもたらされたといってよい。

世界的に見ても箱庭を思わせる美しい列島の自然のなかで、さらに優れた風景や生態系を有する地域を自然公園法で指定し、特筆すべき地域を国立としたのが国立公園である。

あまりにも短絡的表現であることは重々承知しながらも、米国の国立公園のようにすべてが国公有地であって、なお1枚の絵ハガキで語りつくせる営造物型の国立公園とは異なり、我が国のそれは民有地を含めた地域性の国立公園である。

したがってそこには厳しい自然と共生を試みてきた独自の暮らしの風景が伴う。人々がいかに厳しい自然をリスペクトしながら、歴史的に自然の機嫌を損ねぬライフスタイルや利活用に心を砕いてきたのかを垣間見ることができる。集落や田畑の形、食や風俗習慣に至るまで奥深い魅力にあふれている。それは決して1枚の絵ハガキをもって語りつくせるものではない。まずは自然美に心惹かれ、次いでその自然と人々の共生の姿を食から体感し、そして営々として営まれた自然と人々との共生の物語に触れることができる。

日本人にとり時に自然は神である。神であるがゆえに人々の都合でその自然を傷つけることがあってはならない。神がいます自然景観に対する無形のリスペクトのみならず、そうした思想哲学は土地利用を含めた自然との空間的かかわりに可視化される。

里・野良・野辺・里山といった利用を主体とした自然地には常に手入れを欠かさず、その成果として一定の時間内で再生循環が最大限図れる条件を獲得し、その一方で、里山の奥に外山・奥山・嶽という空間秩序を想定し無為な利用を避け大切に保全し、自然災害などに備えを忘れなかった。それは海景においても同様であり、浜・磯・内海・外海に同じ秩序が存在していた。

いわば我が国の国立公園とは、指定された地域のみならず、その周縁部を含めた広域の地方に及ぶ日本人の自然に対するリスペクトが可視化された空間であるといってよい。風景美の背景にある自然共生の伝統的思想が風景に可視化された姿。それが我が国の国立公園の特質といえる。

今、論者も関係して、こうした国立公園の特質の価値を知るインバウンド需要にどうこたえるのかという課題に対し、「国立公園満喫プロジェクト」*が進行中である。そこで常に口にしてきたことは、これまで述べてきた我が国独自の国立公園の魅力を重視するならば、量的利用促進のみに焦点を当てるのではなく、地域に活力をもたらす経済効果を重視し、入域者数×1人当たりの経済消費＝体積の増加に寄与する利用促進方策を検討する。一方利用の方策、とりわけ景観・風景にかかわる施設類については、足し算の思想を排し、むしろ人為が主張される余計なものを排する引き算の思想を旨とすべきという点であった。

これまで国立公園の管理者は、常に自然の側に立ち、保護保全に地道な努力を重ねてきた。その成果が国内外を問わず、我が国の原風景であり、自然に向き合う思想の可視化された姿を体感したいという意欲を人々にもたらす結果を生んでいる。そうした意味で国立公園は有形物としての自然景観であると同時に、厳しい自然の懐に暮らしを営む人々の叡智が投影した無形の文化も存在している。

これからはそうした国立公園に触れたいと希望する人々に、いかに安全で快適な、そして学びに満ちたサービスを提供できるのかという新たな課題にチャレンジすることが、管理者や指定された地域、そしてその経済的恩恵にあずかる地方に求められることを忘れてはならない。

*……45ページをご参照ください。

珠玉の自然を味わう国立公園の旅

第1特集

日本を旅する醍醐味《だいごみ》は、
千変万化する自然の多様性にあると思います。
列車に乗って、わずかな時間移動しても、
全く異なる風景が広がります。
4つのプレートが合わさる位置に生まれた、
日本列島の成り立ちにより、さまざまな地質があり、
山容も森林も地質・地形が異なれば
植生、動物相も異なり、
多様性に満ちた自然となったのです。
日本の自然を味わう旅の第1章は、
特徴ある4つの国立公園への誘《いざな》いから
幕を開けます。

蔦沼《つたぬま》の紅葉
（十和田八幡平国立公園）

大山隠岐

Branding Park

神々とともに生きる山と島

鳥取県・島根県・岡山県に
またがる大山《だいせん》隠岐《おき》国立公園は、
大山から蒜山《ひるぜん》、毛無山《けなしやま》、船上山《せんじょうさん》を含む
山岳地帯及び三徳山《みとくさん》一帯、
島根半島の海岸部分、三瓶山《さんべさん》一帯、
隠岐諸島の４つの地域で構成される
変化に富んだ景観が
特徴となっています。
中国地方の最高峰・大山は、
古くから信仰の対象とされ、
今もその名残である参詣道（大山道《だいせんみち》）が
残っています。
世界ジオパークである隠岐諸島にも
数多くの神社が鎮座し、
島根半島は日本神話の
舞台になっていることから、
大山隠岐国立公園は、神々との
深い絆で結ばれているのです。

国立公園

Daisen-Oki
National
Park
㉔

上記番号は88～92ページの
地図に対応しています。

鳥取県にある大山は、さまざまな表情を持つ。大山環状道路上にある標高800mの鍵掛峠《かぎかけとうげ》からは、大山の南壁が望める。荒々しく男性的な大山の勇姿が印象的で、山の麓にはブナ林が広がる。

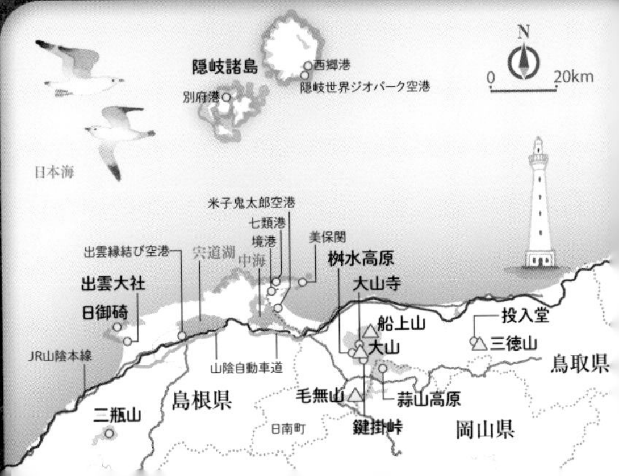

大山

最高峰の
火山に息づく
信仰の心

桝水《ますみず》高原から見た、穏やかな大山のたたずまい。

11月頃に桝水高原に咲くマツムシソウ。

左・大山寺最古の建造物、阿弥陀堂には、阿弥陀如来三尊仏像（重要文化財）が安置されている。
下・大山寺の大館宏雄さん。

中国地方最高峰の大山（標高1729m）は、別名伯耆富士《ほうきふじ》とも呼ばれます。伯耆国（鳥取県）のシンボル的な存在で、その勇姿は四方から眺めることができ、それぞれ表情が異なるのも大山の魅力の1つです。

もともと大山は、火山活動によって生じた火山で、表面は崩れやすくて亀裂の多いゴツゴツした岩で覆われています。現在も砂や小石を崩落させており、北壁や南壁の切り立つ稜線は、こうした砂礫《されき》の崩落によって出来上がったものです。

夏山登山道は歩きやすいように整備され、所要片道約3時間と初心者にも優しい山です。西日本最大級のブナ林や特別天然記念物に指定されているダイセンキャラボク、高山植物群、数多くの野鳥のほか、頂上からは紺碧の日本海、島根半島、隠岐諸島などの絶景が眼下に広がります。かつて、登山者の踏圧で大山頂上の裸地化が進んだことから、昭和60（1985）年「大山の頂上を保護する会」が発足。登山者に石や苗木を

大山寺本社は、明治期に「大神山《おおがみやま》神社奥宮」と改められ、若い時の大国主《おおくにぬしの》命《みこと》が祀られている。「毎年7月は大山に登って霊水を汲み、薬草を摘んで奥宮に奉納する御神水取《もひとり》神事が行われています」と神職の髙橋司朗さん。自然からの恵みで人々を癒す神事である。

持って登山してもらう「一《いち》木一石《ぼくいっせき》運動」を実施した成果が実り、山頂付近の緑は蘇《よみがえ》りました。現在でもこの運動は継続されています。

また、大山は古くから山岳信仰の対象とされてきた霊山で、11世紀には山伏《やまぶし》の修験場として広く知られるようになりました。大山の中腹に営まれた大山寺《だいせんじ》は、奈良時代の養老《ようろう》2（718）年創建と伝えらます。もともとは天台密教《てんだいみっきょう》の霊地として阿弥陀《あみだ》信仰が盛んでしたが、平安時代中期以降は地蔵《じぞう》信仰が主流に。12世紀に成立した『今昔《こんじゃく》物語集《ものがたりしゅう》』には、「徳のなかった京の僧侶が、地蔵菩薩を拝んで6年間伯耆大山で修行をしたところ、人々の信頼を得るようになった」という説話が記されています。地蔵菩薩は生きとし生けるものすべてを救うといわれ、まさに大山の動植物を守護する仏といえるでしょう。

「本社迄　五丁」と記された道標の地蔵。昔はこれを頼りに大山寺を目指した。

牛馬市や大山参りの人々が親しんだ「大山おこわ」は、大山の伝統食。

大山寺の最盛期は江戸時代で、当時は42もの寺社がありました。参詣の道中には食料や貢物を運ぶために、牛や馬を連れてくる人々が多くなりました。大山の地蔵は牛馬《ぎゅうば》の守り仏とされていたため、享保《きょうほう》11（1726）年ごろから、大山博労座《ばくろうざ》の牛馬市が始まり、最盛期には、年間1万頭にも及ぶ牛馬が売買されたといいます。

その牛馬とともに歩んだ道が大山道で、信仰の道でもありました。どの道にも、一丁（約109m）ごとに地蔵が安置され、昔の人々がお地蔵さんに励まされながら歩いたように、今も大山参りの人々の心の拠りどころとなっています。

左・大山の自然に詳しい環境省レンジャーの伊藤信広さん。 中・大山地域の自然や歴史文化を紹介する施設、大山自然歴史館。 右下・「大山の頂上を保護する会」の副会長を務める吉野功さん。

大山山麓には生きた化石といわれる特別天然記念物のオオサンショウウオが生息し、鳥取県日南町では観察ツアーが実施されている。ガイドのリチャードさん、研究者の岡田純先生を先導に川に分け入る。体長70cmを超える個体に遭遇した。

出雲大社

全国から
神様が集まる
縁結びの社

島根半島地区は、神々を祀る古い神社が至るところにあり、その中心となっているのが出雲《いづも》大社《おおやしろ》です。

ご祭神の大国主大神《おおくにぬしのおおかみ》は、別名「だいこく様」としても広く親しまれ、全国の神社に祀られています。日本各地をまわって国土を開発し、農耕や漁業、殖産から医療まで、必要な知恵を授けながら、国づくりをされました。男女の縁、仕事の縁、住まい・土地の縁など、数々の縁を与えてくれる縁結びの神様として知られています。

大国主大神は築かれた国を、日本の民族の総氏神様にあたる天照大御神《あまてらすおおみかみ》に譲り（国譲りという）、その時に大国主大神のために造営された壮大な宮殿が、出雲大社の始まりといわれています。

毎年、旧暦の10月は「神無月《かんなづき》」といいますが、これは全国に祀られている八百万《やおようず》の神様が1年に1度、神事のために出雲大社に集まって不在になるためです。一方、神様の集まる出雲では「神在月《かみありづき》」と呼び、神様の神事「神在祭」が行われます。「神在祭」は1週間ほど続き、その始まりは全国の神様を迎える「神迎《かみむかえ》神事」で、出雲大社

波の音だけが聞こえる、夕暮れの浜で行われる「神迎神事」。誰でも自由に見学できる。

ご祈禱《きとう》や結婚式などが執り行われる神楽殿。正面の大注連縄《しめなわ》は、長さ約13.6m、重さ5.2t。

の西方約1kmのところにある稲佐《いなさ》の浜《はま》で行われます。到着された神々は「龍蛇神《りゅうじゃしん》」を先導として、神々の依代《よりしろ》である「神籬《ひもろぎ》」とともに出雲大社まで御神幸されます。私たちの目には見えませんが、ご祭神の大国主大神は、全国から集まった神々による神事の主宰を務めます。

神在月の期間は、神様たちによるさまざまな神事が執り行われるため、地元の人々は邪魔にならないように静かに過ごすのだそう。この地方では、今も神様と人間の営みが粛々《しゅくしゅく》と続いているのです。

「子供のころ、神在月の間は兄弟げんかをするな、とよくいわれたものです」というのは、出雲大社ガイドの小池清尹《こいけきよただ》さん。

大国主大神は、数々の神話にも登場。

三瓶山

火口を囲む
6つの山々と
広大な牧草地

三瓶山への入り口の1つ、西の原から三瓶山を望む。左が男三瓶山、右は子三瓶山。草原には遊歩道が整備され、歩きやすい。

島根県のほぼ中央部にある三瓶山は、大田市《おおだし》と飯石郡飯南町《いいしぐんいいなんちょう》にまたがる活火山です。火山活動によってできた直径約5kmのカルデラの中に、くぼ地の火口（室《むろ》の内《うち》）を囲むように、標高1126mの男三瓶《おさんべ》山《さん》、女三瓶山《めさんべさん》（957m）、子三瓶山《こさんべさん》（961m）、孫三瓶山《まごさんべさん》（907m）、大平山《たいへいざん》（854m）、日影山（697m）の6つの山々が並んでいます。室の内周辺は国立公園の特別保護地区で、動植物や岩石などの採取が規制されています。火口は室の内のほかに奥の湯火口があり、こちらには三瓶温泉の源泉が湧き出ています。

男三瓶山の北斜面から室の内にかけては国の天然記念物に指定されている「三瓶山自然林」が広がり、ブナをはじめコナラやミズナラなどの高木が茂っています。裾野には牧場や畑が広がり、放牧が行われています。畜産は江戸時代に吉永藩《よしながはん》（大田市川合町）が産業振興のために始めたと伝えられ、

三瓶山の北の原にある「国引きの丘」からは日本海のほか、はるかに島根半島を眺めることができる。『出雲国風土記』が伝える「国引き神話」は、三瓶山と大山の両山を杭として、島根半島の西から東にかけての4か所の土地を、海の向こうから引っ張ってきたという壮大な物語。

上・島根県産の牛と豚を100%使用したオリジナルの「三瓶バーガー」をつくっているのは、吉田真由美さん。10年ほど前にIターンして、店をオープンした。 下・「三瓶バーガー」では、西の原地区の草原を保つために樹木を伐採してもらい、薪として販売。薪やハンバーガーの売り上げの一部を、三瓶山の景観の保護活動に寄付している。

三瓶温泉には2つの共同浴場があり、こちらはその1つの「鶴の湯」。「三瓶温泉は塩分が多く含まれるので、保温保湿効果に優れています。ぜひ一度入ってみてください」と温泉ソムリエの長尾純さん。

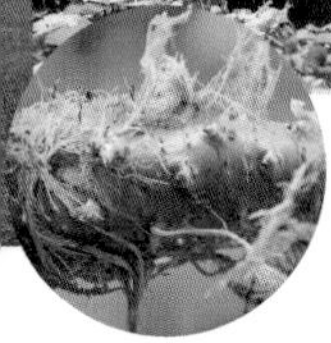

三瓶山の草原地帯、北の原の近くで、わざびを育てている中川覚さん。倒れている巨木を避け、薄暗い谷を降りてしばらく進むと、目の前に緑一面の中川さんのわさび田が広がる。18年ほど前、水害で埋もれたわさび田を3か所手に入れて復興。植えた苗が育つまでに3年かかったという。「ここには粘土層があるので、水が土にしみ込まず、流れ出る。透き通った湧き水なので、それで質のいいわさびが育つんです」という中川さんのわさびは、全国のお得意さんに出荷している。

樹木を切り倒し、牧草地に変えていきました。国立公園に指定された1963年ころは、山麓だけでなく子三瓶山や孫三瓶山の山頂付近までが草原だったといいます。当時の民家の屋根の多くは茅葺《かやぶ》きだったため、草原のススキは屋根の材料にも用いられました。牛が草を食べてくれるおかげで三瓶山の草原が保たれ、さらに定期的に火入れや草刈りをして草原の維持管理が行われています。

そのほか、寒暖差が大きく湧き水の豊富な三瓶山では、そばとわさびの栽培も盛んで、明治から大正にかけては全国的に知られた産地でした。現在も山裾のあちこちにそば畑が点在し、冷たい湧き水を利用した良質なわさびが栽培されています。

また、山麓を一周する道路付近からは、各峰へと続く歩道がいくつもあるので、体力や季節に合わせて多様なコースが選べます。頂上からは360度の展望が開け、三瓶山が杭《くい》となって国を引き寄せたとされる「国引き神話」の伝説にも、より親しみが感じられます。

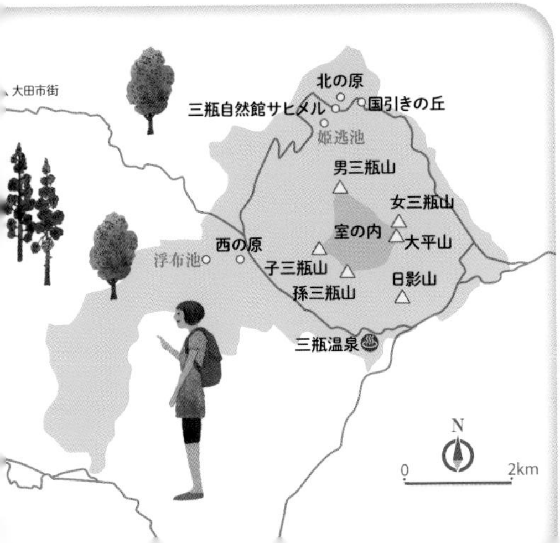

隠岐諸島

ダイナミックな海岸線と豊かな人々の暮らし

隠岐有数の景勝地、西ノ島の「国賀《くにが》海岸」。写真の摩天崖《まてんがい》のほか、通天橋《つうてんきょう》、観音岩など、海岸浸食の地形を見ることができる。

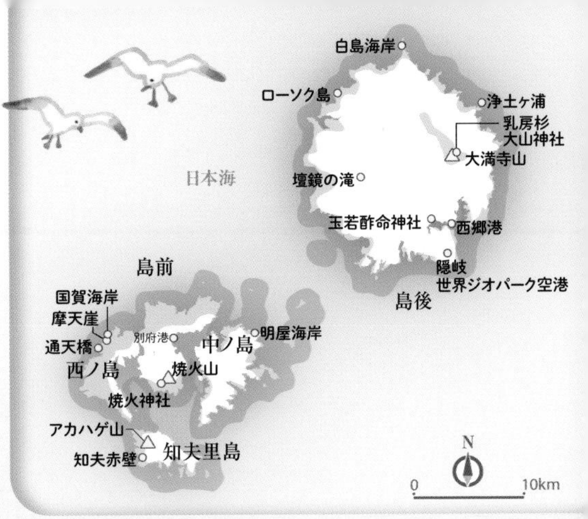

島根半島の北40～80kmの日本海に浮かぶ隠岐諸島には、島後《どうご》、島前《どうぜん》（中《なか》ノ島《のしま》、西ノ島《にしのしま》、知夫里島《ちぶりじま》）の4つの有人島と、周辺には大小180あまりの無人島があります。美しい海岸景観や豊かな自然の風景が国立公園の一部に指定され、近年はその大地の歴史や離島の営み、独自の生態系が評価され、「隠岐ユネスコ世界ジオパーク」に認定されました。

「隠岐のたどった歴史により、この島には日本海西部の離島だからこそ見られる貴重な自然や文化が残っていますよ」というのは、隠岐を案内してくれたネイチャーガイドの福田貴之さん。今から2億5000万年前、隠岐と日本列島は島ではなく大陸の一部でした。その証拠に隠岐では、地下深くで形成された岩石（隠岐片麻岩《おきへんまがん》）を見ることができます。

2600万年前ごろから始まった地殻変動によって、日本列島は少しずつ大陸から離れ始め、大地のくぼみに水がたまり湖のようになりました。そこに生息していたのが、隠岐で化石が発見されたワニなどの生物。さらに、大陸からの分離が進み、湖は海へと変化し、日本海ができました。この段階で隠岐は深い海底にあったらしく、深海生物のサメの歯の化石も発見されています。

西ノ島の丘には、牛馬が放牧されている。このあたりは畑作と牧畜を交互に繰り返す牧畑《まきはた》で使われていた石垣が見られる。牧畑は大地とともに生きる先人の知恵。

島後の海岸に咲いていた大陸性のダルマギク。

隠岐の固有種であるオキノアブラギク。

本州と各島間の移動には、高速船が便利。

海の底にあった隠岐が姿を現すきっかけは、火山です。じわじわと隆起を始めた隠岐は、約600万年前に島後と島前で起こった激しい火山活動によって、現在のような島の原型が形成されました。島前諸島のカルデラ地形も火山の噴火した後のくぼみであり、中央火口丘《かこうきゅう》の焼火山《たくひやま》とそれを囲むように島々が並び、その間に内海があります。地表に出た隠岐は、火山の堆積物に覆われて荒れ果てた姿でしたが、今度は火山活動に代わって日本海の荒波と風雨に削られ、現在のような複雑な岸壁や奇岩などが形成されました。

約2万年前の氷河期時代には、海面が低下したため隠岐は島根半島と陸続きに。そのあと地球温暖化によって海面が上昇し、再び島根半島と隠岐は引き離され、離島になったのは約1万年前とされています。

こうしたダイナミックな大地の歴史に育《はぐく》まれた隠岐には、北国と南国の植物が共存するなど、この土地ならではの生態系が見られます。独自の生態系は虫や動物たちも同様です。島々をめぐりながら、そんな「隠岐の不思議」を探してみてはいかがでしょう。

島後の北西の沖合いにそびえ立つ奇岩「ローソク岩（ローソク島）」。島の先端に夕日が重なると、1本の巨大ろうそくを灯《とも》したかのよう。

海に大きくせり出した巨大な岩の架け橋、通天橋は、岩石の中央部が海食によってえぐられたもの。この通天橋から摩天崖までの遊歩道は、一生に一度は訪れたい「遊歩百選」に認定されている。片道2.3kmで、60〜90分。

西ノ島の焼火山から見た島前のカルデラ。内海なので波による浸食はほとんどない。

知夫里島の「赤壁《せきへき》」。岩の赤い色は、噴火で飛び出した高温の溶岩のしぶきに含まれる鉄分が空気中で酸化したことによる。雨の日に見るとより赤味が際立って見える。

古代の人々が育んだ隠岐の文化

火山活動によって生まれた隠岐には古代から人々が住み、矢じりや刃物などに使われた「黒曜石《こくようせき》」を採取し、輸出していました。中国地方では唯一の黒曜石の産地で、はるか3万年前から中国地方をはじめ、新潟や四国地方まで運ばれました。黒曜石を通して、当時の人々はさまざまな地と交流をしていたと考えられています。

古代の文化を大切にしながら、隠岐はやがて遠流《おんる》の島となり、後鳥羽天皇《ごとばてんのう》や後醍醐《ごだいご》天皇《てんのう》などの天皇や公家、役人などが配流されてきます。なぜ隠岐が選ばれたかといえば、都から遠いだけでなく、高貴な流人が飢えたり、危険な目にあったりする心配がなかったからとの説もあります。隠岐は食

島前の最高峰、焼火山に鎮座する焼火神社は、承和《じょうわ》5（838）年以前の創建と伝えられる。岩屋に建てられた社殿には、航海安全の神様が祀られる。

「隠岐は宝の山、氷河期時代からの生き残りがたくさんいますよ」と隠岐の自然に詳しい八幡浩二さん。本業は自然の営みから生まれた黒曜石を扱う。

物も豊富で、黒曜石発掘以来の歴史のある土地でもあり、そうした島への信頼度も大きかったのでしょう。

江戸中期から明治30（1897）年ごろまで、隠岐は北前船《きたまえぶね》の寄港地として栄えました。多い年には、年間4500隻もの船が隠岐の各港に停泊。おかげで隠岐には情報や物が集まり、豊かな文化がもたらされました。

その一方で、神様への奉納相撲から発展した「隠岐の古典相撲」、氏神様を乗せた神馬が玉若酢命《たまわかすみこと》 神社《じんじゃ》を駆け上がる「馬入れ神事」、配流になった後鳥羽上皇を慰めるために始まった「牛突き」など、隠岐独自の文化も生まれています。

また、隠岐にはたくさんの神社がありますが、社殿がなく巨木や巨岩、滝、山などをご神体にした自然信仰の形を今に伝えるものも。まさに、祈りの原点ともいうべき隠岐の神社を訪ねると、昔の人が何を大切にして暮らしてきたかを知ることができます。神様への信仰や古式ゆかしい神事は、この離島の中で行われてきた人々の営みであり、今も大切に守り継がれているのです。

天保《てんぽう》7（1836）年に建てられたとされる、旧庄屋の佐々木家住宅。出入り口や間取りは隠岐独特のもの。住宅の中で素朴な伝統食が味わえる（予約制）。

島後にある自然崇拝の代表、岩《いわ》倉神社《くらじんじゃ》の御神体、乳房杉《ちちすぎ》。たくさんの根が垂れた形状は、島に残る古い杉の遺伝子と局地的な気候によるものとされる。

隠岐の宿泊施設では、地元の食材を使った島の味を提供。島後の西郷港そばにある「こころ旅館」は、石塚淳・まゆみさん夫婦で経営する小さな宿。

島後の玉若酢命神社は、隠岐の開拓にかかわった玉若酢命を祀る。境内には、樹齢約2000年といわれる天然記念物「八百《やお》杉」がある。

「隠岐にはおよそ100の神社があります」というガイドの斎藤一志さん。

巨木・巨石信仰の大山神社《おおやまじんじゃ》（島後）。山からとってきたカズラをご神木に巻きつけて、山仕事の安全を祈る「布施《ふせ》の山祭り」が行われる。

Towada-Hachimantai National Park

⑦

十和田八幡平国立公園内には、ブナやミズナラなどの落葉広葉樹林が多い。こうした森林は水保全の機能にすぐれるため、洪水や渇水を防ぎ、さらに汚れた水を浄化して、私たちにおいしい水を提供してくれる。

十和田八幡

Branding Park

ブナ林の恵みと良質な温泉

東北地方の北部、
山岳地帯にある
十和田八幡平《とわだはちまんたい》国立公園は、
十和田八甲田《はっこうだ》地域と
八幡平地域で構成される、
火山と湖、渓流の公園です。
十和田八甲田地域では、
穏やかな十和田湖、
清らかな奥入瀬渓流《おいらせけいりゅう》、
複数の火山が連なる
八甲田山系など、
四季を通じて、
変化に富んだ景観を
楽しむことができます。
日本有数の火山地形で
積雪の多い八幡平地域では、
長い時間をかけてつくり出された
湖沼《こしょう》や湿原のほか、
豊富な湯量の温泉地が
点在しています。

平国立公園

十和田湖

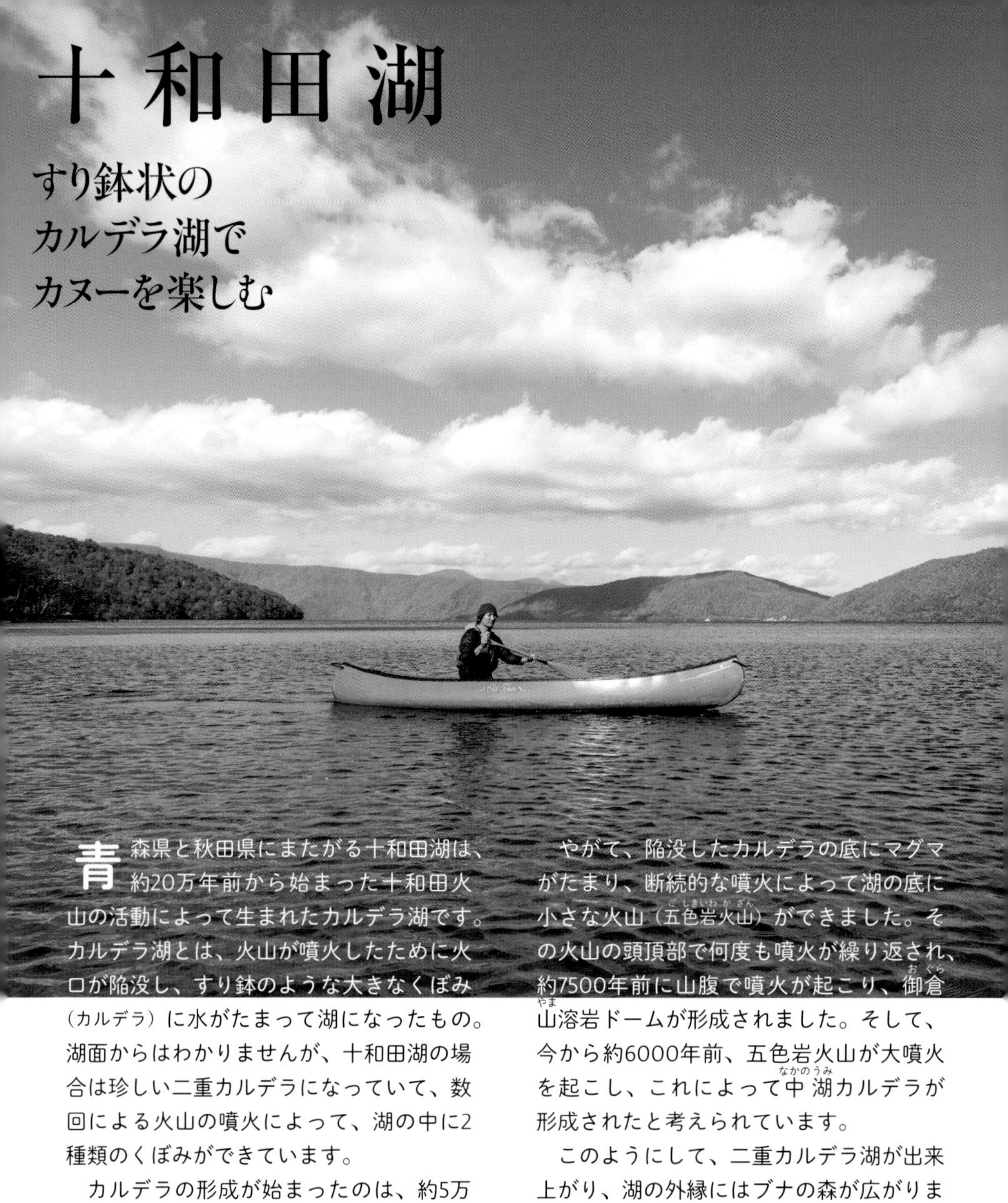

すり鉢状のカルデラ湖でカヌーを楽しむ

青森県と秋田県にまたがる十和田湖は、約20万年前から始まった十和田火山の活動によって生まれたカルデラ湖です。カルデラ湖とは、火山が噴火したために火口が陥没し、すり鉢のような大きなくぼみ（カルデラ）に水がたまって湖になったもの。湖面からはわかりませんが、十和田湖の場合は珍しい二重カルデラになっていて、数回による火山の噴火によって、湖の中に2種類のくぼみができています。

カルデラの形成が始まったのは、約5万5000年前〜1万5000年前で、それ以前より大規模な噴火が繰り返されました。それに伴って火山体の中心部が陥没し始め、現在の湖の原型であるほぼ四角形のカルデラができたといわれています。このあとでカルデラ湖の縁が崩れ大洪水が発生し、奥入《おいら》瀬《せ》の渓谷が誕生することになります。

やがて、陥没したカルデラの底にマグマがたまり、断続的な噴火によって湖の底に小さな火山（五色岩火山《ごしきいわかざん》）ができました。その火山の頭頂部で何度も噴火が繰り返され、約7500年前に山腹で噴火が起こり、御倉《おぐら》山《やま》溶岩ドームが形成されました。そして、今から約6000年前、五色岩火山が大噴火を起こし、これによって中湖《なかのうみ》カルデラが形成されたと考えられています。

このようにして、二重カルデラ湖が出来上がり、湖の外縁にはブナの森が広がりました。十和田湖には河川からの流入がないため、湖の水はこの外輪山のブナ林に蓄えられた雨や雪による伏流水と考えられています。豊富な十和田湖の水は、山中の人工導水路を通して奥入瀬渓流の下流へ運ばれ、水力発電に用いられた後、農業用水などにも使われます。天然のダムともいえる十和田湖は、私たちの目を楽しませるだけでなく、暮らしにも一役買っているのです。

十和田湖は海抜400m、周囲は約46km、最深は326.8m。湖の規模としては、日本で12位、深さは第3位。深い藍色《あいいろ》をたたえた神秘的な湖面はひっそりと静まり、年間を通して、多くの観光客を迎えてくれます。

新緑や紅葉の季節のほかに、空気がキーンと張り詰めた真冬の湖も魅力的です。外から見るだけでなく、湖と一体になることで目線が下がり、また違った十和田湖を実感できます。そのツールの1つがカヌーで、季節を問わず楽しめます。朝霧に包まれた湖面が黄金色に染まる朝の湖、太陽に照らされて水面がキラキラと輝く昼間の湖、無数の星がまたたき始める黄昏《たそがれ》の湖など、さまざまな十和田湖の素顔を知ることができるでしょう。

カナディアンカヌーに乗って、じっくり自然と向き合ってみたい。湖畔にある「十和田湖ガイドハウス櫂《かい》」では、十和田湖の歴史や自然の生態系を学びながら、カヌーを楽しむツアーを実施している。また、湖では釣りもできるが、遊漁料の納付が必要。

十和田湖を上から見ると、大きなカルデラ湖になっているのがよくわかる。

原産地の阿寒湖とチミケップ湖から十和田湖へ移植放流された、サケ科の淡水魚、ヒメマス。湖畔沿いには刺身や押し寿司など、ヒメマス料理が味わえる店も。

奥入瀬渓流

立ち止まりながら歩きたい自然公園

山の上にある十和田湖から、唯一の川が流れ出しています。河川の名称は奥入瀬川ですが、流出口の「子ノ口《ねのくち》」から、八甲田山系から流れてくる蔦川《つたがわ》との合流点「焼山《やけやま》」までの約14kmの区間は、「奥入瀬渓流」と呼ばれる景勝地です。標高は上流側（十和田湖側）で約400m、下流側で約200mです。

この渓流の元になる地形は、今から約1万5000年前の十和田湖の大洪水によって形成されたもの。十和田湖の水位が上昇したために湖岸が決壊し、火砕流《かさいりゅう》の台地が削り取られて現在のようなU字型の姿になりました。

奥入瀬渓流を知り尽くした、ネイチャーガイドの川村さん。苔だけを観察するツアーも実施。

奥入瀬渓流には多くの滝がある。こちらは本流の奥入瀬川にかかる唯一の銚子大滝（ほかはすべて支流）で、高さ7m、幅11m。

上・青森県産の天然ブナ材からつくられた食器類。
下・東北の工芸品を扱う店を営む田中陽子さん。

渓流沿いに初めて林道がつくられたのは、1903（明治36）年のこと。十和田湖にヒメマスの稚魚を初放流した年でもありました。

この5年後に紀行作家の大町桂月《おおまちけいげつ》（1869～1925）が訪れ、「十和田湖に遊びて、この渓流を見ざるものは、未だ十和田湖を見たるものといふべからざる也」という文章が雑誌に掲載されました。これをきっかけに、それまで無名だった十和田湖と奥入瀬渓流が脚光を浴びるようになったそうです。

「渓流を歩くときは、下流から十和田湖へ向かって進むのがおすすめ。上っていくと、常に前方に水の流れ落ちる姿を見ることができます」と教えてくれたのは、ネイチャーガイドの川村祐一さんです。

渓流は季節を問わず安定した水量が保たれていますが、十和田湖からだけでなく、渓谷の左右上部にあるブナの森からも湧水が流れ出ています。雨水や降雪の雪解け水はいったんブナ林に蓄えられ、大小の滝となって渓流に彩りを添えています。落ち葉が堆積した森の床はスポンジのようになっていて、水を貯《た》めるダムの役割を果たしているのです。さらに、梅雨から初夏にかけては、東北地方の太平洋側から湿った風（山背《やませ》）が山を越えて入り込み、奥入瀬でも霧や小雨の日が多くなります。この水分が奥入瀬の谷にもたまり、程よい湿度をもたらします。

また、渓流では多くの倒木を目にしますが、車道や歩道に影響がない限り、そのまま放置。倒木は次第に朽ちていき、その過程でさまざまな菌類が現れ、微生物が繁殖して土壌が豊かになります。苔が生えると、その上から木が育ち、小さな虫たちの住まいとなり、それを求めて鳥や小動物たちもやってきます。さらに、渓流の中の倒木はそれまでの流れを変えることもあり、環境が変化すると魚や水中昆虫などの生物にも影響を与えます。これらはほんの一部ですが、奥入瀬渓流では、立ち止まりながら時間をかけて歩くことで、さまざまな自然界のドラマに遭遇できます。

奥入瀬渓流には約300種類の苔が自生している。小さなきのこやデリケートな苔の観察には、ルーペが必須。スマホでの撮影にも便利。

八幡平

温泉で療養する
昔ながらの
湯治宿《とうじやど》が残る

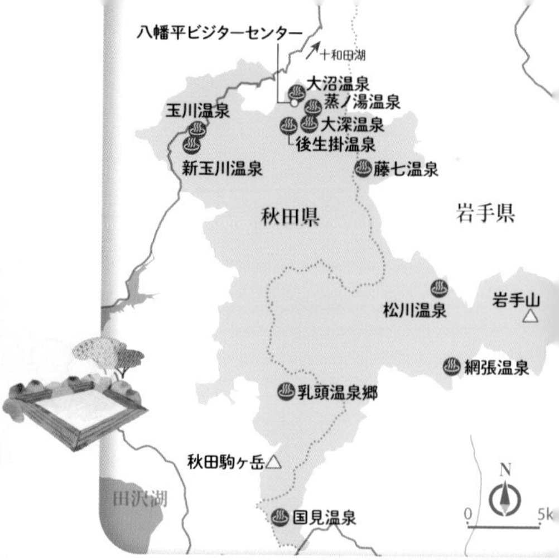

江戸時代初期に開湯された玉川温泉。源泉の「大噴《おおぶき》」からは、毎分9000Lものお湯（98℃）が噴き出ている。この熱水は幅約3mの湯の川となって、宿の大浴場に流れ込んでいる。

上・八幡平ビジターセンター近くにある大沼自然研究路。湿原の部分には植物を保護するために木道が整備され、車椅子で利用できる範囲も。

下・八幡平を代表する温泉の1つ、ブナの森に囲まれた蒸ノ湯温泉では、300年以上も前からこんこんと湧き出る源泉が目の前にある。

岩手県と秋田県にまたがる八幡平《はちまんたい》地域は、およそ100万年前から噴火した複数の火山でできています。なかでも、八幡平（標高1613m）は水蒸気爆発によって山頂にいくつも火口ができ、そこに水がたまって八幡沼やガマ沼、メガネ沼などの火口沼が形成されました。頂上が台地状になっていて、積雪が豊富なことから湿原も多く見られ、高山植物の宝庫となっています。

八幡平周辺は大自然のおおらかな魅力にあふれ、山岳ドライブやトレッキング、キャンプ、スキーなど四季折々に楽しむことができます。

新玉川温泉の内湯は、源泉100%、50%、気泡湯、弱酸性湯、座り湯など14種類の浴槽のほか、屋内岩盤浴も。

「新玉川温泉は冬季も営業しています」と支配人の阿部真一さん。

そして、極めつけは温泉です。火山の集積地帯のため、後生掛《ごしょうがけ》温泉、蒸《ふけ》ノ《の》湯《ゆ》温泉、藤七《とうしち》温泉、玉《たま》川《がわ》温泉などでは、噴気・噴湯現象や泥火山現象も見られます。古くから湯治に訪れる人が多かった八幡平地域では、今も昔ながらの湯治宿が残っています。湯治とは日本に伝わる治療法で、長期滞在して温泉の効用によって心身を療養しようとするもの。かつては農家のお年寄りが、農閑期に体の悪いところを治しに来る習慣もありました。食料を持参して自炊をするため、湯治宿には共同の台所も設置されています。

こうした伝統的な湯治宿のほか、忙しい現代人に合わせた新しい感覚の温泉宿もあります。2、3日の滞在で生活習慣病の改善やストレス解消・疲労回復を目的とし、温泉で体調を整えながら、野菜や肉、魚など地元の食材を使った料理を味わい、周辺の自然を楽しみながら歴史や文化を学ぶといった、レジャーとしての温泉です。

世界でも珍しい塩酸を主成分とした玉川温泉の湯はpH1.2で、レモンの約2～2.5倍もの酸性度。泉質には免疫力回復効果などがあるとされ、昔も今も多くの湯治客が訪れます。玉川温泉は奈良時代末期に焼山《やけやま》（1336m）が大爆発してできたものですが、山の中にあるため、開湯は江戸時代初期でした。現在は、源泉が噴き出ているところに自然研究路が完備され、温泉の噴気孔やもくもくと煙が立ちこめる源泉などを観察しながら散策することができます。玉川温泉は昔ながらの湯治宿ですが、ほど近くに姉妹館の新玉川温泉があり、こちらではリゾート感覚で同じ泉質のお湯を心ゆくまで堪能できます。

上・山岳温泉リゾートとして人気の新玉川温泉は、山小屋風のモダンな建物。 右上・畳とツインベッドの客室は、木をふんだんに用いた心地のよい空間。 右下・食事は健康と美容を考えたバイキングスタイル。写真のような特別メニュー（秋田牛の鉄板焼き）も。

阿寒摩周

阿寒摩周国立公園内にある、周囲2.5kmの湖、「オンネトー」では、四季を通じて多彩な景色を堪能できる。オンネトーとは、アイヌの言葉で「年老いた沼」「大きな沼」を意味する。展望デッキからは、雌阿寒岳《めあかんだけ》（左）と阿寒富士《あかんふじ》（右）が望める。湖畔にはキャンプ場も。

＋釧路湿原

国 立 公 園

Branding Park

自然の神秘とアイヌ文化

阿《あ》寒《かん》摩《ま》周《しゅう》国立公園の基盤は、
度重なる火山の
大噴火によってつくられた
カルデラ地形です。
カルデラの中に水がたまり、阿寒湖、
屈《くっ》斜《しゃ》路《ろ》湖《こ》、摩周湖ができました。
それらの湖を包み込むように
深い森が広がり、
エゾシカやヒグマ、キタキツネなどの
野生動物が棲《す》んでいます。
今もなお続く火山活動と、
その恵みである温泉も豊富です。
阿寒湖畔には先住民族の
アイヌの人々が暮らす集落があり、
自然とともに生きてきた
アイヌ文化に触れることができます。
また、屈斜路湖を源流とする
釧路川が流れ込む
釧《くし》路《ろ》湿《しつ》原《げん》国立公園は、
特別天然記念物のタンチョウのほか、
多くの動植物の
貴重な生息地となっています。

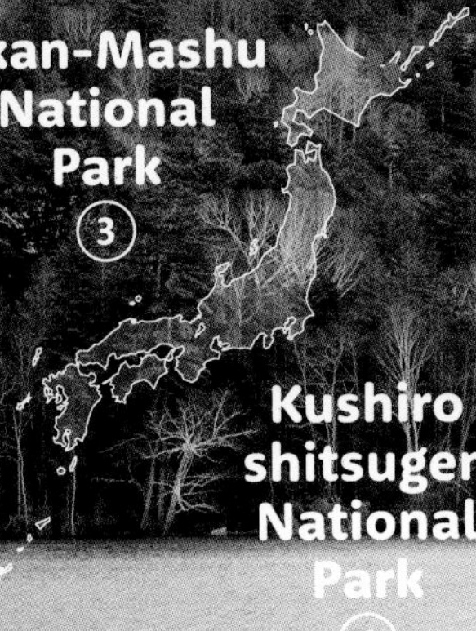

国 立 公 園

阿寒湖 摩周湖 屈斜路湖

火山が生み出した深い森や個性的な湖沼

上＝国内最大のカルデラ湖である屈斜路の語源は、アイヌ語の「クッチャロ（のど）」に由来する。
中央＝屈斜路湖畔にある人気の「コタン温泉」は、湖と同じ目線で入浴できる。
右＝「砂湯」では湖の砂を掘ると温泉が湧き出る。冬はオオハクチョウも集まってくる。

阿寒摩周国立公園の魅力を発信する、環境省レンジャーの小林由紀子さん。

川湯温泉にある川湯エコミュージアムセンター。2階にはカフェがあり、アカエゾマツの森を眺めながらおいしいコーヒーが飲める。

センターのそばには、誰もが気軽に利用できる、川湯温泉の「あし湯」が設置されている。

屈斜路湖畔に建つ「ワッカヌプリ」は、1日1組限定の温泉宿。
地元の食材を生かした日本料理が自慢。「別荘感覚でくつろいでほしい」とオーナーの島津友美さん。モダンな客室は洋と和の2部屋で、窓の外には屈斜路湖が広がる。室内風呂のほか、木製の露天風呂も。

「オンネトー湯の滝」では、年間1t以上の沈殿物（黒色のマンガン泥）が生成される。微生物が二酸化マンガンを生成する、地上で観察できるものの中で世界最大の「生きているマンガン鉱床《こうしょう》」として有名。

阿寒摩周国立公園は、「阿寒地域」と「摩周地域」に大別することができます。「阿寒地域」には阿寒湖、「摩周地域」には屈斜路湖と摩周湖という、北海道を代表する有名な3つの湖があります。

これらの魅力的な湖水は、千島火山帯の火山活動によって大きく陥没したカルデラに水がたまってできたものです。摩周湖と摩周岳、阿寒湖と雄阿寒岳など、火山と湖がセットになっていくつも接近している地形は、全国でも貴重なものとなっています。阿寒カルデラでは、今から数十万～15万年前の噴火によってできた「古阿寒湖」が、約1万年前の雄阿寒岳（標高1370m）の噴火で湖が分断され、現在の阿寒湖、ペンケトー、パンケトーが誕生。これらの湖は、雌阿寒岳（1499m）、雄阿寒岳、フップシ岳（1225m）、木禽岳《ききんだけ》（995m）などの火山に囲まれています。

屈斜路カルデラは約13～10万年前に起こった大噴火によって、カルデラの原型が出来上がったとされています。その中心に位置するのが、国内最大のカルデラ湖である屈斜路湖で、美幌峠《びほろとうげ》や藻琴山《もことやま》などの雄大な外輪山が連なり、山麓には今ももくもくと白い煙を上げている硫黄山《いおうざん》（アトサヌプリ・34ページ）の姿も。真冬の屈斜路湖では、さまざまな極寒地特有の現象が観察できますが、なかでも凍った湖面の氷が盛り上がる不思議な「御神渡《おみわた》り」現象を見ることができます。

摩周カルデラは約7000年前の大噴火によって生まれ、そのなかに世界有数の透明度を誇る摩周湖があります。カルデラの南東壁には壮絶な爆裂火口が印象的な摩周岳（857m）、さらに南東には高山植物の宝庫として知られる西別岳（800m）を望めます。

マリモ（37ページ）で有名な阿寒湖。

摩周湖第一展望台からの眺め。右端にはカムイヌプリ（神の山）と呼ばれる摩周岳の大火口が見える。また、この湖は霧で有名だが、夏の北海道東部は太平洋沖で発生した海《うみ》霧《ぎり》で覆われ、濃霧の塊となって周囲の山々を乗り越え、摩周湖に流れ込むため発生するもの。

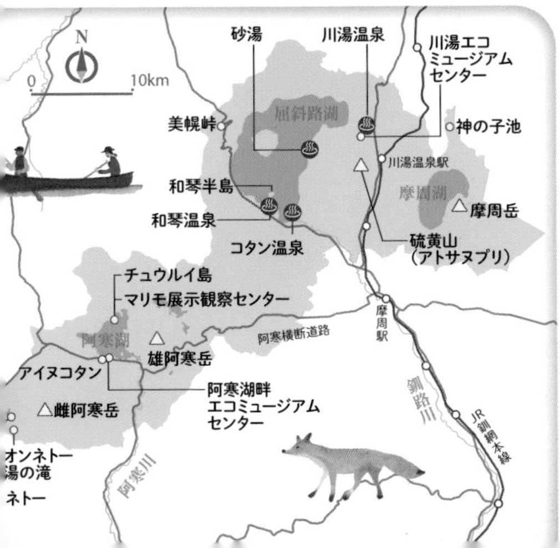

硫黄山〈アトサヌプリ〉

噴気を上げる活火山で、地球の鼓動に触れる

左・硫黄山のトレッキングツアーでは、硫黄山の歴史も解説してくれる。所要約3時間。　右・認定ガイドの片瀬志誠《しのぶ》さん。山の上ではティータイムの楽しみも。

上・迫力満点の噴気孔からは、100℃近い噴気が上がっているので注意。　下・硫黄成分の多い酸性化した土地でもよく育つ、ハナゴケ属の地衣類《ちいるい》。「モンローリップ」とも呼ばれる、先端の「赤い唇」に注目。

屈斜路湖の東側にあり、今も噴煙を上げている硫黄山（標高508m）は、アイヌ語でアトサヌプリといい、裸の山（草も木もない山の姿）という意味です。荒涼とした山肌が印象的なこの山は、明治初期から昭和30年代にかけて、硫黄を採掘する鉱山として利用されていました。当時、マッチや火薬の原料だった硫黄は需要が高まっていて、硫黄山のほかに雌阿寒岳などでも採掘が行われていたそうです。

この硫黄採掘のきっかけとなったのがアイヌの人々で、硫黄を焚《た》き付けに使っているのを聞きつけた釧路の商人、佐野孫右衛《さのまごうえ》門《もん》が試掘をし、その後本格的な採掘に乗り出しました。その後、経営者が安田財閥の創始者、安田善次郎《やすだぜんじろう》に替わると、効率化を図るために鉄道を敷くなどして、事業をさらに拡大。ところが、好景気は長くは続かず、明治29（1896）年には採掘を中止、40km余りの鉄道の線路は北海道庁に買い取られました（現在のJR釧網《せんもう》本線の一部として活用されている）。明治後期から大正にかけて、さまざまな経営者が採掘事業に挑戦しましたが、最終的には昭和38（1963）年に休山となり、現在に至っています。

硫黄採掘によって硫黄山の名前が知られるようになり、ほぼ未開の土地だった道東の産業が急速に発展、大勢の労働者が入ったことで地域の発展の基礎ができました。噴煙が立ちのぼる硫黄山の噴気孔の近くまで、レストハウスのある駐車場から歩いて行けます。これだけでも十分ダイナミックですが、時間に余裕があればぜひ山に登ってみましょう。これまで硫黄山は登山禁止でしたが、認定ガイドの引率を条件にトレッキングツアーが開発されて、ツアーに参加すれば登ることができるようになりました。硫黄採掘時代に思いを馳せながら、実際に山肌を歩くことで、硫黄山がこの地域の大切な歴史をになっていることが実感できます。麓の川湯《かわゆ》温泉は、硫黄山を起源とする強酸性の硫黄泉が特徴で、豊富な湯があふれて川に流れ出して湯気が上がっています。硫黄成分は殺菌作用が高く、保温効果もあり、古くから湯治場としても栄えてきました。

今も活動を続ける硫黄山。

アイヌ文化

自然(神)と共生するアイヌ民族の暮らし

阿寒湖アイヌシアター「イコロ」では、アイヌ古式舞踊などを鑑賞できる。アイヌの人々は、歌や踊りで喜びや悲しみを表現してきた。そこには、常に神や祖先への感謝や敬意が込められている。

阿寒湖温泉街の民芸店で見つけたアイヌの民芸品。

アイヌの伝統料理は代々受け継がれてきた家庭の味。汁物「オハウ」には、シカの肉などを入れる。(民芸喫茶ポロンノ)

アイヌコタン(右)で民芸店を営む西田正男さん(左)。伝統衣装には、渦巻文《うずまきもん》、括弧文《かっこもん》などの刺しゅうが施されている。

阿寒湖畔エコミュージアムセンターでは、阿寒地域の自然のほか、マリモやアイヌ文化についても知ることができる。

「大きくなったマリモは、中心近くの藻が死んでこんなふうに空洞になります」（写真右下）と、マリモ研究者の尾山洋一さん。マリモは糸状体と呼ばれる長さ3、4cmの細い藻が、たくさん集まったもの。それが湖底で波に揺られていくうちに丸くなっていく。大型化したマリモは波に打ち上げられて球状が崩壊し、その断片から新しいマリモが生まれる。右上の写真は、マリモの断片が球状へと生長していく過程で、サイクルは約7年。左の水槽の中の大型マリモはチュウルイ島のマリモ展示観察センターにて。

北海道各地には、先住民族であるアイヌの人々が暮らしています。自然界のすべてのものに神が宿る、との考えを持つアイヌ民族は、自然を「カムイ」と呼んで崇《あが》めてきました。この「カムイ」に対して、人間を意味する言葉として自分たちを「アイヌ」、自らが住む場所は「アイヌモシリ（人間の静かなる大地）」と呼んでいます。

アイヌの人々にとっての自然とは、森や川、湖、動植物だけでなく、火や水、臼《うす》や杵《きね》などの生活道具など、人間の生活にかかわるものすべてを意味します。カムイは人間に恵みを与えたり役目を果たすために、いろいろなものに姿を変えて、人間界にやってくるとされます。地震や津波、命を落とす悪い病気などは、悪いカムイの仕業と考えていたようです。カムイと人間はお互いに支え合って生きるものであり、人間は自然界の一部でそこに住まわせてもらっているという気持ちで接してきました。

例えば、人間が動物を捕らえて肉や毛皮を手に入れることは、動物の命を奪うことですが、毛皮や肉を届ける役割をもった神が人のところへやって来たものと捉えます。そこで、動物の恩恵を受ける代わりに、さまざまなお供え物をして礼を尽くし、「再び、自分たちの世界へやって来てほしい」と、神の世界に送り出す儀式を行います。これをイオマンテと呼び、「熊送り」の儀式が有名です。

そして、生き物だけでなく、生活道具などが壊れて使えなくなったときにも、神に祈りを捧げる儀式は行われていました。どんなものに対しても、感謝の気持ちを忘れず、神に思いを表現してきたものが、現代も受け継がれているアイヌ独特の舞踊や伝統芸能、儀式などです。阿寒湖畔にも、アイヌの人々が暮らす集落（アイヌ語でコタン）があり、さまざまなアイヌ文化を体験することができます。

また、特別天然記念物に指定されている阿寒湖のマリモは、阿寒に暮らすアイヌの人々にとっても大切な存在です。マリモが美しい球形になるのは阿寒湖だけとされています。戦後、マリモの絶滅が危惧された際に、マリモを守ろうとする運動が高まりました。そこで、昭和25（1950）年に、マリモを育む湖や周辺の環境と、日々の暮らしへの感謝を神に捧げる「第1回まりも祭り」を開催。それ以来、毎年、10月上旬になると、阿寒湖に丸木舟を浮かべ、アイヌ伝統の「まりもを送る儀式」が行われています。

釧路湿原

貴重な動植物が棲む手つかずの大地

山岳や海岸とはまた別の魅力を持つ風景を楽しめるのが、釧路湿原国立公園の特徴です。屈斜路湖を源流とする釧路川が流れ込み、湿原の面積は2万5854haと広大で、その大部分に人の手が入ることがなかったため、今も多様な生物が棲んでいます。釧路湿原の代表といえばタンチョウ（40ページ）ですが、氷河期時代の生き残りとされるハナタネツケバナやキタサンショウウオなども生息しています。

まずは、公園内にある細岡《ほそおか》展望台やコッタロ湿原展望台などから、湿原の様子を眺めてみましょう。広々とした湿原の中を釧路川が蛇行して流れ、いくつもの湖が点在しています。湿原の植生は、ヨシ・スゲ、ミズゴケ、ハンノキと大きく3種類。最も多くの面積を占めているのがヨシ・スゲ湿原で、ヨシは高さ2mくらい、スゲ類は高さ60～80cmで、湿原の約8割。この部分は周囲より標高が低いことから低層湿原と呼ばれ、周辺からの流入水によって常に水に浸かっています。

氷河期の遺存種、ハナタネツケバナ。5月ごろ、薄紫色から白色の十字形の花を咲かせる。

その表面から下には、泥炭《でいたん》が数mに渡り層になっており、さらにその下には泥や砂、小石、海の貝などの化石が含まれた地層となっています。泥炭とは、気温が低く植物が完全に分解されないためにできた土のことで、それが毎年積み重なって徐々に厚くなっていきます。1年にできる泥炭はわずか1mm、3mの泥炭は3000年もの長い時間がかかるとか。泥炭はスポンジのように水分を含み、踏みしめると水が染み出しますが、湿原の維持には欠かせないものです。

上・湿原内ではあちこちにエゾシカが出没。　中・ふさふさした尻尾が印象的なキタキツネ。　下・湿原にある湖沼では、秋になると越冬地に向かうための中継地として、多くの水鳥が休息している。　右・国立公園内の細岡展望台からの釧路湿原の眺め。

釧路湿原が形成され始めたのは、最後の氷河期の中でも最も寒冷だった約2万年前。今より約10度も気温が低く、海面は100mほど低下して、シベリアと陸続きに。その後、地球の気温が上昇し、海氷が溶け出して海が広がり（縄文海進《じょうもんかいしん》という）、約6000年前の釧路湿原のあたりは海に覆われていま

「釧路湿原内を散策されたい方は、温根内《おんねない》ビジターセンターにお越しください」と、環境省レンジャーの矢部敦子さん。

した。4000年ほど前の時代には、湾の入り口（現在の釧路市街西側の海岸）に運ばれた砂が堆積し始め、これによって湾が閉じられました。ちょうど地球の気温も徐々に低下して、今度は陸地が広がっていきます。湾は湖となり、土砂や堆積物で埋められ、流れ込む川の水によって淡水化も進みました。3000年ほど前に、湿原の東側に湖沼《こしょう》（現在の塘路湖《とうろこ》、シラルトロ湖、達古武湖《たっこぶこ》）を残して、釧路湿原が生まれました。

スゲ類の中には、地面が凍結すると株ごと盛り上がり、雪解け水で根元がえぐられて細くなる。このプロセスの繰り返しによって、高さ40〜50cmに生長して大きなかたまりをつくる。通称、ヤチボウズと呼ばれる。「温根内ビジターセンター」ではヤチボウズの断面図も展示され、仕組みがよくわかる。

湿原を流れる釧路川ではカヌーも楽しめる。冬の晴れた日は霧氷がきらきらと輝き、幻想的な景色が広がる。

泥炭層も展示されている。

タンチョウ

美しき特別天然記念物〝湿原の神〟

鶴居《つるい》村にあるタンチョウ撮影の名所「音羽橋《おとわはし》」から中洲を望む。タンチョウのねぐらの1つで、夕方になると多くのタンチョウが帰ってくる。

釧路湿原は1980年、日本で初めてラムサール条約に登録されました。条約の正式名称は、「特に水鳥の生息地として国際的に重要な湿地に関する条約」です。湿原の鳥であるタンチョウは、絶滅したと考えられた時期もありましたが、その後の保護活動によって救われ、現在は釧路湿原や北海道東部などで見ることがきます。

タンチョウは地球上で3000羽以上といわれ、そのうちの約1800羽が北海道東部を中心に生息しています。日本にいるタンチョウは渡り鳥ではないため、1年を通じて観察することができます。日本最大級の鳥といわれるタンチョウは、体高は1.5m、羽を広げると2m以上にもなります。毎年、3月中旬ごろから繁殖期を迎え、オスとメスで巣をつくって卵を産みます。卵を温めると1か月ほどでヒナが誕生（5〜6月）。ヒ

上・釧路湿原のほか、その周辺でもタンチョウは観察できる。サンクチュアリの給餌場には、給餌時間になるとどこからともなくタンチョウが集まる。周りのタンチョウを威嚇する「鳴き合い」がよく見られる。 左・タンチョウの頭の赤い部分は、ニワトリのトサカと同じで、皮膚が露出している。興奮すると大きくなる。

給餌場でのタンチョウのエサは、デントコーン。

「鶴居・伊藤タンチョウサンクチュアリ」を管理しているのは、公益財団法人日本野鳥の会。レンジャーの田島奏一朗《そういちろう》さん。

ナは3か月ほどで親と同じくらいの大きさになり、白い羽が生えてきます。春から夏のタンチョウのエサは、湿原の昆虫類や魚、植物の芽や種でしたが、秋になると、牛の飼料用デントコーン（トウモロコシの1種）を求めて、人里近くまでやってきます。釧路湿原の周辺の畑ではコーンの刈り取りが行われ、作業後の畑にはコーンがこぼれ落ちているからです。

雪がちらつき始めると、タンチョウはエサを求めて給餌《きゅうじ》場《ば》にやってきます。鶴居村には、「鶴居・伊藤タンチョウサンクチュアリ」「鶴見台」という2つの給餌場があり、多くのタンチョウが集まっています。

寒い時期には、マイナス30度近くまで下がる冬の湿原では、タンチョウは近くの川の中で過ごします。凍結しない川の中のほうが暖かく、外敵からも身を守れるからのようです。眠るときは、頭を丸めて暖かい羽の中に入れ、片方の脚を折り曲げて1本脚になります。翌朝は食事の時間になると給餌場へ飛んで行き、日没前後にねぐらに帰る、という規則正しい生活を送っているのです。

左上・秋田県・後生掛温泉の箱むしに入る筆者。
左下・後生掛温泉での湯治客との交流。

ご来光を望む岩手県・藤七温泉の露天風呂

地球からのギフト、温泉で心身を再生する

野添ちかこ 温泉と宿のライター

**温泉王国・日本では、
湯で体を整える
“湯治《とうじ》”文化が育《はぐく》まれ
現代へと引き継がれている。
自然のパワーと一体化し、
疲れを癒す温泉は
国立公園を旅する
魅力のひとつだろう。**

日本には至るところに温泉が湧く。その数、温泉地は2983、源泉数でみると2万7297本（環境省の平成29年度データ）。日本は環太平洋火山帯に属し、狭い国土に111の活火山を有する火山国である。火山の近くには温泉が多いと言われる通り、日本地図を広げると、火山の分布と温泉の分布は似通っている。

温泉の多くは、山肌に染み込んだ雨水や雪（天水）が、1000°C近い火山のマグマ溜まりによって熱せられ、地球内部の鉱物のミネラル分やガス成分などを抱き込んで湧き出してくるもので、火山性の温泉は一般に高温であることが多い。

一方、火山のないところで天水が地熱によって温められたり、閉じ込められた太古の海水が何らかの理由で熱せられ湧

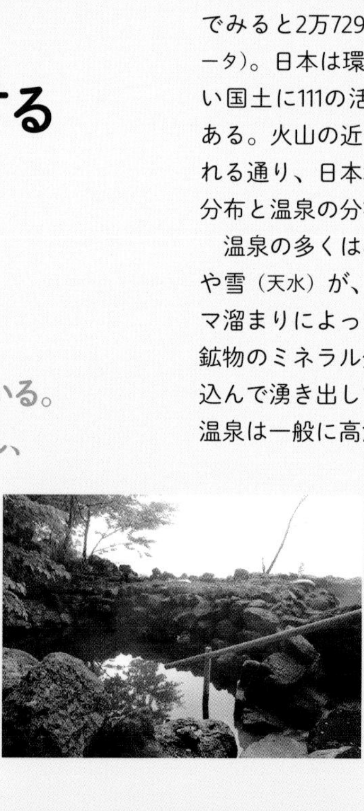

北海道・丸駒温泉の露天風呂

column

長野県・中房温泉

出する非火山性の温泉もある。

無色、白、青、緑、赤、オレンジ、灰、黒などなど……。自然の育む温泉の色彩の豊かさに神秘性を感じる人も多いだろう。

プチプチとした泡がつく温泉もあれば、溶き卵のような湯の花が舞っているもの、ドロリとした油が浮く温泉までさまざまな顔をもつ。

山から川、海へと連なる日本が誇る自然環境をもつ国立公園には、荒々しくかつ優しさをも併せもった温泉がたくさんある。

例えば、北からなぞれば、北海道・支《し》笏湖《こつこ》のほとりに立つ丸駒《まるこま》温泉旅館（支笏洞爺《とうや》国立公園）には足元から湧く神秘の湯がある。天然露天風呂は支笏湖とつながっていて、湖の湖面と同じ水位になるため、あるときは寝そべって入るほど浅くなり、大雨が降れば浮き輪を持って入る深い立ち湯に変貌する。

岩手県「藤七《とうしち》温泉 彩雲荘」（十和田八幡《とわだはちまん》平《たい》国立公園）では東北最高所1400mの露天風呂に浸《つ》かりながら見るご来光に圧倒された。

ただ浸かるだけではない。秋田県「後《ご》生掛《しょうがけ》温泉」（十和田八幡平国立公園）では打たせ湯、泥風呂、箱むし、蒸気サウナなどバリエーション豊かな入浴が楽しめる。

食材は温泉蒸気で調理し、客室は地熱で温めたオンドル（床下暖房）。神経痛などの痛みに効果的で、オンドルの大部屋では知らない人同士がすぐに打ち解けて仲良くなれる。

岩盤浴みたいにゴロンと横になって地熱で体を温める「地熱浴場」があるのが長野県「中房《なかぶさ》温泉」（中部山岳国立公園）。360度遮るものがなく、頭上には落ちてきそうな星空が広がっている。

さらに、源泉で熱した砂の中に全身を埋める「砂むし」で有名なのは鹿児島県・指宿《いぶすき》温泉（霧島錦江湾《きりしまきんこうわん》国立公園）。湯船に浸かるのと比べて3倍の温熱効果があり、発汗とともに体の中の老廃物をデトックスできる。

古来、日本人が育んできた“湯治”のように、心身の疲れをリセットしいったんゼロにするなら、自然のパワーをもらえる国立公園の温泉がいい。さあ、地球を感じる温泉旅に出かけてみませんか。

鹿児島県・指宿温泉の立ち寄り施設
「砂むし会館砂楽《さらく》」の砂むし

国立公園 その自然には物語がある

第2特集

変化に富んだ日本の自然は、
一朝一夕にできたものではなく、
造山運動や気候などさまざまな要素が
相互に影響しあい、生み出されました。
また、自然の中で営まれる人々の暮らし、
信仰が独特の景観を形づくった場所もあります。
“国立公園満喫プロジェクト”*では、
8つの公園を先進事例として、その特色を、
より体感できる環境を整えてきています。
第1特集で紹介した3公園に加え、
ここで5つの公園をご紹介します。
美しい景観を育んだ物語を繙《ひもと》いてみましょう。

外輪山から見た阿蘇五岳《あそごがく》
（阿蘇くじゅう国立公園）

＊……国立公園満喫プロジェクトとは

日本政府は、『観光先進国』への新たな国づくりに向けて、2016年に観光ビジョンを策定しました。日本の自然や文化といった豊かな観光資源を活かして『世界が訪れたくなる日本』を目指し、政府一丸、官民一体となって取り組んでいます。

この観光ビジョンに基づき、環境省では日本の国立公園を世界水準の『ナショナルパーク』とするため、国立公園満喫プロジェクトを立ち上げました。このプロジェクトにより、優れた自然や公園ならではの文化を楽しめる体験の提供や、国内外の観光客を受け入れる環境整備等の取り組みを推進し、国立公園を国内の旅行者にとどまらず、世界の旅行者が長期滞在したいと憧れる旅行目的地にします。

桜と大山
（大山隠岐国立公園）

摩周湖のスノーシュー散策
（阿寒摩周国立公園）

国立公園を巡るための5つの物語

日本の国立公園は、山岳、渓谷、海、草花、生き物など、第一級の自然と触れあえる場所です。

周囲を海に囲まれ、南北約3000kmにわたって弓なりの長い国土をもつ日本列島では、地域によって自然環境も気候も異なり、人々の暮らし方も違います。国立公園は、日本の「宝」ともいえる優れた風景地を保護し、それを国民の保健・休養・教育に役立てながら、生物の多様性の確保に努めることを目的に、約80年前から各地に指定されてきました。日本人だけではなく、より多くの訪日外国人旅行者も満足できる、上質な受け入れ環境を整えるべく2016年に「国立公園満喫プロジェクト」を開始。日本の自然を愛で、人々の暮らしや文化をより身近に理解してもらえるよう、グローバルな情報発信を進めています。

すでに第1特集でご覧いただいた3公園に加え、これから5つの公園を紹介する前に、日本の自然の特色や魅力について、多様な気候帯、生物の多様性、豊かな水、火山活動がもたらす恵み、自然災害と人の暮らし、の5つの物語を紹介しましょう。

Episode 01

多様な気候帯が生み出した四季

日本はユーラシア大陸の東に位置し、国土（陸域）の面積は38万km^{2}ほどですが、南北に弓なりに長く伸びていて、亜寒帯、冷温帯、温暖帯、亜熱帯まで、幅広い気候帯を含みます。同じ冬の季節でも、北海道沖には流氷で覆われる海域がある一方で、南西諸島の海域にはサンゴ礁が広がっています。

最も広い範囲を占める温帯域では、はっきりとした四季があり、春の桜や秋の紅葉など、季節ごとに自然がさまざまに変化します。これは季節によって、季節風（モンスーン）が変化し、気候に影響を与えるからです。

夏は南の海からの風を受けて高温多湿となり、冬には北西の大陸からの風を受けて乾燥した寒い季節が訪れます。夏の前には梅雨、夏から秋にかけては台風や秋の長雨があり、冬になると日本海の水分を含んだ北風が日本海側で雪を降らせます。

尾瀬沼と3本カラマツ
（尾瀬国立公園）

このため日本の年間降水量は、世界平均の約2倍。飲み水としても優れており、非常に水に恵まれた国だといえます。

また、積雪量も世界有数です。世界の豪雪都市トップ10に日本の都市が複数ランクインしており、なかでも青森市は年間降雪量が7mを超えることもあり世界一です。雪質も素晴らしく、良質のパウダースノーを求めて、世界中からスキーヤーやスノーボーダーが訪れます。

Episode **02**

生物の多様性と固有種の割合の多さ

日本には動物や植物の種類が多く、固有種の割合が高いのも特徴です。

決して大きいとはいえない国土の中に、約7000種の植物、1000種を超える動物、7〜10万種もの昆虫類が生息しています。ドイツやイギリスなどでは生物の種数が日本の半分以下、固有種はほぼゼロ。一方、日本では、小型哺乳類、両生類および爬虫類の多くと、植物の約3分の1が固有種と考えられています。

全長148cm、体重30kgという記録をもつ世界最大級の両生類オオサンショウウオも日本固有種です。3000万年前の化石と、今の姿がほとんど変わっていない「生きる化石」のような生き物も、日本には生息しています。

高い透明度を誇るサンゴ礁の海
（慶良間諸島国立公園）

Episode **03**

豊かな水がもたらす恵み

国土の位置、季節風（モンスーン）による季節の変化、そして豊かな水などが背景となって、日本の風景は実に多様です。

もちろん自然は、いつも穏やかなままではありません。地震や水害、火山の噴火など、人々の暮らしに大きな災いをもたらします。一方で、それが人々の暮らしに恵みを与える大事な要素でもあるのです。

山に降った水は、山の栄養を吸収した湧き水となり、川を通じて海へと注ぎます。その海水が蒸発して雲になり、また雨となって降り注ぐ。そんな豊かな水の循環と適度な気温が農業に適しているため、日本では米づくりが盛んに行われてきました。そこから米文化、酒づくりなどが生まれ、日本人の生活の根幹を支えています。まさに日本は「水」に育まれた「水の国」なのです。

座間味島の高月山展望台からの眺望
（慶良間諸島国立公園）

Episode **04**

火山活動がもたらす恵み

プレートの境界上に位置する日本列島では、火山活動が活発です。本州の中央を境に北東部と南西部に2つの火山帯が走り、111の活火山が連なっています。

火山は噴火によりさまざまな地形を生み出すほか、大量の噴出物を地表にもたらし、平らな地面を形成してきました。火山灰は、農産物の生産に欠かせない土壌の基になっています。

そして隙間の多い火山の体内は、多くの水を浸透させて伏流水の層を形成し、山麓では湧水や地下水を利用することができま

桜島溶岩なぎさ公園
（霧島錦江湾国立公園）

す。火山由来の多くの成分を含む水が湧き出すこともあれば、地熱で暖められた温泉になることもあります。これらは「火山の噴火」による恵みといえるでしょう。

Episode 05

自然と密接に結び付いた人々の暮らし

日本の国立公園の中には、なぜ街や人家のあるエリアが含まれているのだろう——ここまで読んでくださった方ならば、その理由をいくらかご推察いただけるかもしれません。

すなわち日本人の暮らし・文化・風習は、災害を含めた自然環境との付き合い方を反映したものであるからです。

時に災害をもたらす自然に対し、日本人は畏敬の念を覚え、それは信仰へとつながりました。日本人は、自然から受ける恩恵はもちろん、脅威さえも知恵や工夫をこらしながら受け入れ、ともに生きていくことを選んできました。国立公園の中に数多くの神社仏閣があるのは、その象徴ともいえるでしょう。信仰や人の流れが、土地ごとに独自の風景や文化を形成してきたのです。

人が手を入れることで守られ、維持・管理されてきた自然もあります。二次的自然と呼ばれ、「里山」「里海」などはその代表です。

里山は、水田、小川、草原など、人々が暮らし、集い、草花や鳥など、さまざまな生き物たちが、あたりまえにそばにいる空間です。

里海は、古くからの水産・流通をはじめ、文化と交流を支えてきた、水産資源の生産性と生物多様性が豊かな沿岸海域です。

里山と里海は、人と自然の領域の中間にあるエリアであり、人の手が入ることにより、豊かで多様な生態系と自然環境が保たれ、私たちに多くの恵みを与えてくれています。

公園内にも人々の暮らしがあることで、受け継がれてきた信仰や自然との付き合い方、その地域ならではの自然・文化・食・産業などを見て取ることができます。そうした人々の暮らしそのものも、日本の国立公園の重要な資源なのです。

厳しく過酷な、それでいて多様な豊かさをもたらす日本の自然。その中で、気の遠くなるような年月をかけて形づくられた

屈斜路湖の早朝カヌー（阿寒摩周国立公園）

人々の暮らし——日本の国立公園は、「人と自然がともに生きてきた証《あかし》」を体感するのに最適であり、一級の自然と、そこに息づく日本文化の神髄に触れることができる場なのです。

もちろん、こうした風景を形だけ残すのではなく、これからも絶やさずに継続させることが大切です。それがかなうならば、価値観がめまぐるしく変容する世界の中で、しなやかに優しく、けれどしたたかに生き続けていくためのヒントを、日本の国立公園は、訪れる一人ひとりに垣間見せ、感じさせてくれることでしょう。

日光国立公園

Branding Park

自然美と歴史を味わう

聖なる山、
壮大な瀑布、
紅葉の美しい渓谷に
彩られ、
古くから避暑地として
栄えました。
世界遺産である
神社仏閣や旧大使館別荘、
クラシックホテルなど
見どころも多く、
東京からのアクセスも容易で
自然に親しめる場所として
人気があります。

華厳《けごん》の滝と中禅寺《ちゅうぜんじ》湖を一望できる明智平《あけちだいら》ロープウェイの展望台からの眺め。

Nikko National Park ⑩

上記番号は88～92ページの地図に対応しています。

戦場ヶ原《せんじょうがはら》の湿原には自然研究路が
整備され、初心者にもやさしい。

日本の歴史と自然が凝縮された箱庭

日光国立公園は、昭和9（1934）年に誕生した、歴史ある国立公園の1つです。

福島・栃木・群馬の3県にまたがる公園区域の大半が、那須火山帯に属する山岳地であり、北関東以北最高峰の日光白根山《しらねさん》(標高2578m)、古くから信仰の山として名高い男体山《なんたいさん》（2486m)、今なお火山活動が活発な茶臼岳《ちゃうすだけ》（那須岳とも。1915m）などの山々が分布しています。これらの山麓に広がる高原の中に、火山活動によって誕生した湖沼や瀑布、渓谷が展開し、四季折々の景観美を織り成しています。

その一方、日光東照宮をはじめとする世界遺産に登録された神社仏閣群と、数々の歴史的建造物も大きな見どころです。

アサギマダラなど、この地域の
蝶の種類は豊富。

標高の高い鬼怒沼《きぬぬま》湿原は高山植物の宝庫。
付近には温泉宿もあります。

中禅寺湖や川治温泉、板室温泉のダム湖ではカヌーツアーが楽しめます。

那須高原には森を抜けるサイクリングルートが充実しています。

日本の歴史を今に伝える荘厳な文化遺産と、多彩な自然美が渾然一体となって迎えてくれる日光国立公園は、東京からのアクセスも容易。手軽に訪れて「日本の魅力」に触れることができる人気観光地として、不動の地位を誇っています。

春夏秋冬で異った装いを見せる自然

男体山から噴出した溶岩流に堰《せ》き止められてできた中禅寺湖と、その流出口から落下する華厳の滝、そして、つづら折りのカーブが続くいろは坂は、紅葉の名所です。10月初旬を皮切りに、山頂から山麓へと時期をずらして紅葉が進んでいきます。

ほかにも鬼怒川、塩原渓谷、茶臼岳（那須岳）など、紅葉狩りで賑《にぎ》わうスポットを紹介すれば、枚挙にいとまがありません。

錦秋の季節が過ぎ、一面が銀世界に包ま

©MASANORI YAMANASHI / SEBUN PHOTO / amanaimages

「イタリア大使館別荘記念公園」の
建物内部。当時の調度品を復元し、
一般公開しています。

温泉施設の露天風呂から眺める
景色も格別です。

春の新緑、秋の紅葉など、四季
折々の風景が楽しめます。

江戸幕府の初代将軍・徳川家康を祀る日光東《とう》照宮《しょうぐう》。大工事を経て修復された陽明門《ようめいもん》には、400年前の美意識が凝縮されています。

Branding Park

日光
国立公園

那須平成の森でのスノーシューウォーク。自然解説者（インタープリター）付のツアーもあります。

れる冬も風情たっぷり。手つかずのまま保全された森や氷瀑など、この地ならではの冬景色をトレッキングやスノーシューウォークで眺めるガイド付きツアーもあり、静かな話題になっています。

新緑や花々に彩られる季節も見応えがあります。初夏に約20万株のレンゲツツジが群生する八方《はっぽう》ヶ《が》原《はら》、ニッコウキスゲやコバイケイソウなどの高山植物が楽しめる沼原湿原など、花の名所は多く、いずれも遊歩道が整備され、気軽にハイキングを楽しめます。

夏は、鬼怒川の川下り、滝巡り、渓谷沿いのハイキングなど、水辺の楽しみが豊富。多彩な自然環境を有し、春夏秋冬めくるめく景観美が展開する日光は、いわば「美しき日本の自然」が凝縮された箱庭なのです。

時を超えて愛される地

日光のシンボルといえば、徳川3代将軍家光が、祖父家康のために、17世紀に建てた東照宮でしょう。当時の名工を集めて造営した絢爛豪華な神社です。

8世紀の奈良時代に勝道上人が二荒山（男体山）を開山し、鎌倉時代に山岳修行、修験道の中心地として信仰された日光二荒山神社、さらには日光輪王《りんのう》寺《じ》とともに、世界遺産「日光の社寺」を構成しています。

近代に入り、明治時代から昭和初期にかけて、日本駐在の外交官らが冷涼な気候を求め、中禅寺湖畔にこぞって別荘を建設。「夏の日光は外務省のロビーのようだった」と言われるほど多くの外国人が避暑に訪れました。「英国大使館別荘記念公園」や「イタリア大使館別荘記念公園」はその名残りで、エキゾチックな旧別荘の建物から、国際的な避暑地として賑わった往時の面影をしのぶことができます。

那須塩原地域もこの時代に温泉保養地や別荘地として賑わい、多くの作家や政治家に愛されました。かつて皇室の御用邸の一部だった森が開放された「那須平成の森」では、90年間手つかずのまま保全された豊かな自然に親しむことができます。

美しい自然と歴史的建造物を楽しむうちに、必ずや時を超えたこの地の魅力に気づかされるはずです。

志摩国立公園

Ise-Shima National Park ⑳

志摩市・横山展望台から見たリアス海岸の英《あ》虞《ご》湾。海上には真珠の養殖筏が見える。

Branding Park

信仰と食のふるさと

「お伊勢さん」の
呼び名で親しまれた
伊勢神宮。
周囲の森は
瑞々しさにあふれ、
門前町の賑わいと
好対照を見せます。
海山の幸も豊か。
ひと足伸ばせば
リアス海岸の
絶景が広がります。

二見浦《ふたみがうら》にある夫婦岩。
5〜7月の早朝、岩の間
から朝日が見えます。

人々の営みと自然が織り成す里山里海

伊勢志摩国立公園は、三重県中央部に位置する志摩半島に広がる国立公園です。

伊勢市、鳥羽市、志摩市、南伊勢町にかけて、およそ6万haの広大な面積を占め、公園内は、伊勢神宮とその背後に広がる森林環境を有する内陸と、入江や岬の多い複雑な地形であるリアス海岸が展開する海沿いの2つのエリアに大別できます。

内陸のエリアは「里山」を内包し、海沿いエリアには「里海」が広がっています。里山と里海は、人々が手を入れることによって維持・管理されてきた自然景観で、農業、林業、漁業など、人々の営みと密接にかかわりながら、いわゆる二次的自然と呼ばれる生態系や景観を形づくってきました。

伊勢志摩にこのような人と自然との共存

清らかな五十鈴川《いすずがわ》が、伊勢の森の
栄養分を海へと運んでいます。

Branding
Park
伊勢志摩
国立公園

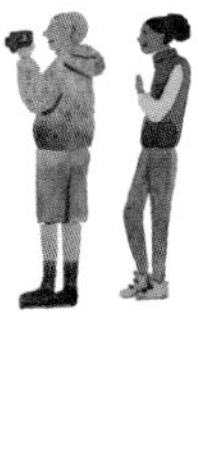

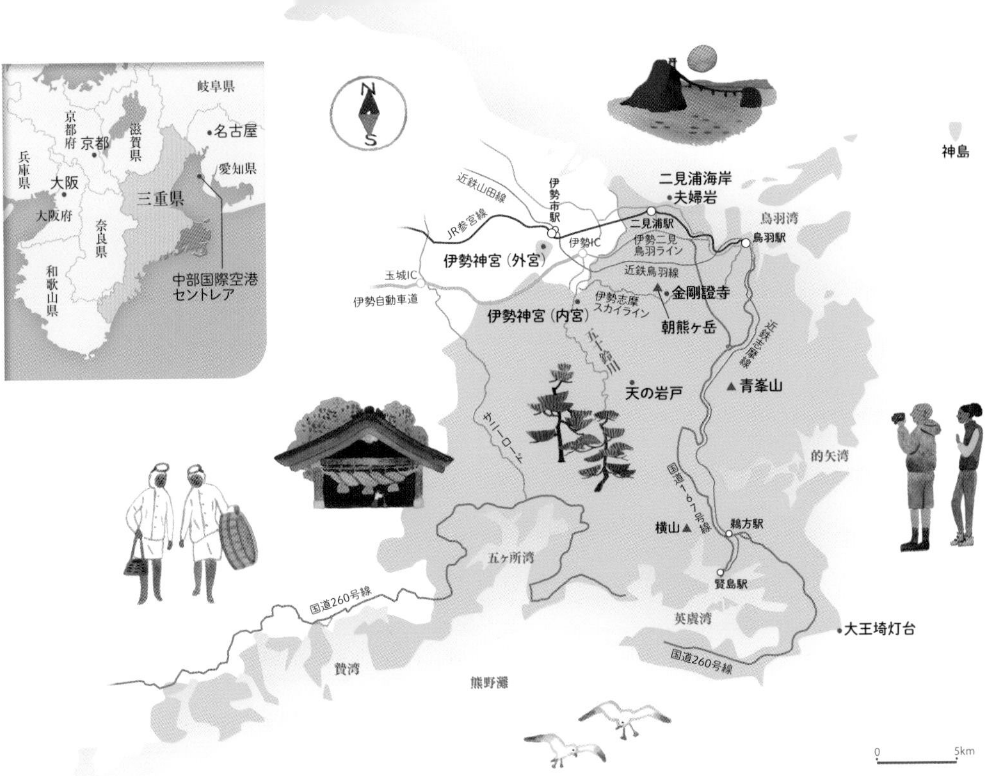

共栄が定着した背景には、この地に鎮座し、悠久の歴史を刻み続けてきた伊勢神宮の存在があります。それらが自然とどのようにかかわりあってきたのかに注目すると、この公園の奥深い魅力がくっきりと浮かび上がってきます。

伊勢神宮内宮《ないくう》の玄関口にある大鳥居。
宇治橋を渡ると神域です。

伊勢神宮外宮《げくう》の正宮。祭神は豊受大御神《とようけのおおみかみ》。

国府白浜《こうしらはま》で美しい花を咲かせるハマユウ。

素潜りでアワビやサザエをとる海女漁。
海藻類や小魚も豊富です。

大漁と海上安全を祈願し、雌雄一対のアワビを神に奉納する鳥羽市の「しろんご祭り」。

醤油ダレに漬けた鮮魚をごはんに載せた「てこね寿司」は志摩地方の漁師料理。

今も盛んな海女漁と豊かな海の恵み

二見浦にある夫婦岩は、古来から日の出遙拝所として知られてきました。5〜7月には夫婦岩の間からの日の出を見ることができ、特に夏至前後（6月中下旬）の天気の良い日には、遠く富士山の背後から昇る日の出を見ることができます。

古代から人々は太陽を神として仰いできました。伊勢神宮はその信仰の中心で、内宮・外宮をはじめ、約125の社から成り立っています。

その伊勢神宮や京都の朝廷に海産物を納めてきた志摩半島は、7〜8世紀に編まれた万葉集で「御《み》食《け》つ国」と詠われるほど重要な地位を占めていました。アワビ、サザエ、カキ、マグロ、マダイ、海藻類など、多種

志摩市・賢島《かしこじま》大橋の向こうに沈む夕日。

多様な海洋生物を育む海底地形や豊かな海洋環境に恵まれていたからです。

伊勢志摩の海域は、穏やかな内海と荒波の立つ太平洋の外洋で成り立っています。内海の漁場には、温暖な黒潮が絶えず流れ込み、また、志摩半島の沿岸にはカジメやアラメなどの海藻による「海中林」が広がり、海洋生物のゆりかごになっています。

古くから海女漁が盛んなのも、海の恵みにあふれていたのがその理由で、現在でも、日本全体の海女のうち、約半数が伊勢志摩地域にいるといわれています。それほどまでに海女漁が健在な背景には、小さなアワビを禁漁とし、潜水の日数、回数、時間を規制するなど、持続可能な漁を守り抜く伝統があったからです。こうした自然への畏敬と感謝の念は、海苔養殖、真珠養殖にも受け継がれています。

志摩市の木に指定されているネムノキの花。

自然との共存を目指した人々の暮らし

自然との共存や継続性に対する人々の知恵は、20年に1度行われる伊勢神宮の式年遷宮にも表れています。社殿を解体する際に出る古材は、神宮内で再利用したり、全国の神社の建て替え・修復に利用されています。また、社殿の建て替えに使われる1万本以上の檜材を持続的に確保するため、神宮の背後にある「宮域林《きゅういきりん》」で計画的に管理されています。

伊勢志摩国立公園は、他の国立公園と比べて民有地の割合が非常に高く、居住人口も多いのですが、その分、地域の人々の生活、歴史、文化、風習などに身近に触れることができるのも特長です。

素潜りで貝や海藻をとる海女の技術を間近で見学し、とれた海の幸をバーベキューにして味わったり、リアス海岸を巡るシーカヤックやサイクリング、離島や漁村の生活文化体験などのエコツアーも盛んに開催されています。

伊勢神宮やその周辺に古くから広がる街の賑わい、野山の風景、さらには伊勢志摩の海辺の景観を楽しみながら、人と自然とのかかわりを考える。そんな有意義なひとときを与えてくれる場所なのです。

阿蘇くじゅ

約2万2000haという広大な阿蘇の草原。牧草地の面積は日本一。

国立公園

Branding Park

火山によって
育まれた
大草原と
湧水に恵まれた
大地

世界最大級の
阿蘇カルデラには、
噴火当時の
荒々しさはありません。
草原が広がり、
山麓では清水や
温泉が湧き出ずる。
火山がもたらした恵みを
活用しながら、
人々は暮らしてきました。
人と自然とが
共生する
理想郷が
ここにあります。

阿蘇の春は、草原の野焼きで始まります。

草原の香りと火山の呼吸、風が遊ぶ大地

昭和9（1934）年に誕生した阿蘇くじゅう国立公園の大きな特長は、大カルデラにそびえる阿蘇山や、その北に連なるくじゅう連山などの火山群、そして、その周囲に広がる雄大でなだらかな草原地帯です。

阿蘇山及びその周辺では、噴煙を上げる中岳の火口や美しい円錐形をした米塚、それらを取りまく火口原と外輪山など、雄大な風景を連続して見ることができます。

また、くじゅう連山の周辺には、久住《くじゅう》高原や飯田《はんだ》高原などの広大な草原、さらにはタデ原湿原や坊ガツル湿原といった、学術的にも貴重な湿地など、こちらも見どころが豊富です。

東西約18km、南北約25kmにも及ぶ世界最大級の阿蘇カルデラ。現在、その内に約5万人が暮らしており、カルデラの中に安定した集落が形成されているのは、世界でもここだけだといわれています。

栄養の少ない火山灰土壌の上に出来上がった草原。これを人々は農耕地や放牧に利用し、カルデラに寄り添いながら生きてきたのです。

阿蘇神社では五穀豊穣を願い、毎年
3月に火振神事が行われます。

草原は放置すれば、すぐに森林へと変わってしまいます。それを避けるために、阿蘇では2月下旬～3月中旬にかけて一斉に野焼きが行われ、一気に炎が広がるダイナミックな光景があちらこちらで見られます。

野焼きは、新しい草の芽吹きを助け、特有の昆虫や植物などを育み、貴重で豊かな生態系を成り立たせてきました。草原の草花を食べるオオルリシジミ（食草はクララ）、ゴマシジミ（食草はワレモコウ）など希少種の蝶も生息しています。

人々はこの美しい草原風景を保全しながら、あか牛などの豊かな産物を育て上げた

広々とした草原で放牧
され、のびのびと育つ
阿蘇のあか牛。

阿蘇大観峰《だいかんぼう》からの眺め。
南には阿蘇五岳、北に
はくじゅう連山が一望
できます。

Branding Park
阿蘇くじゅう国立公園

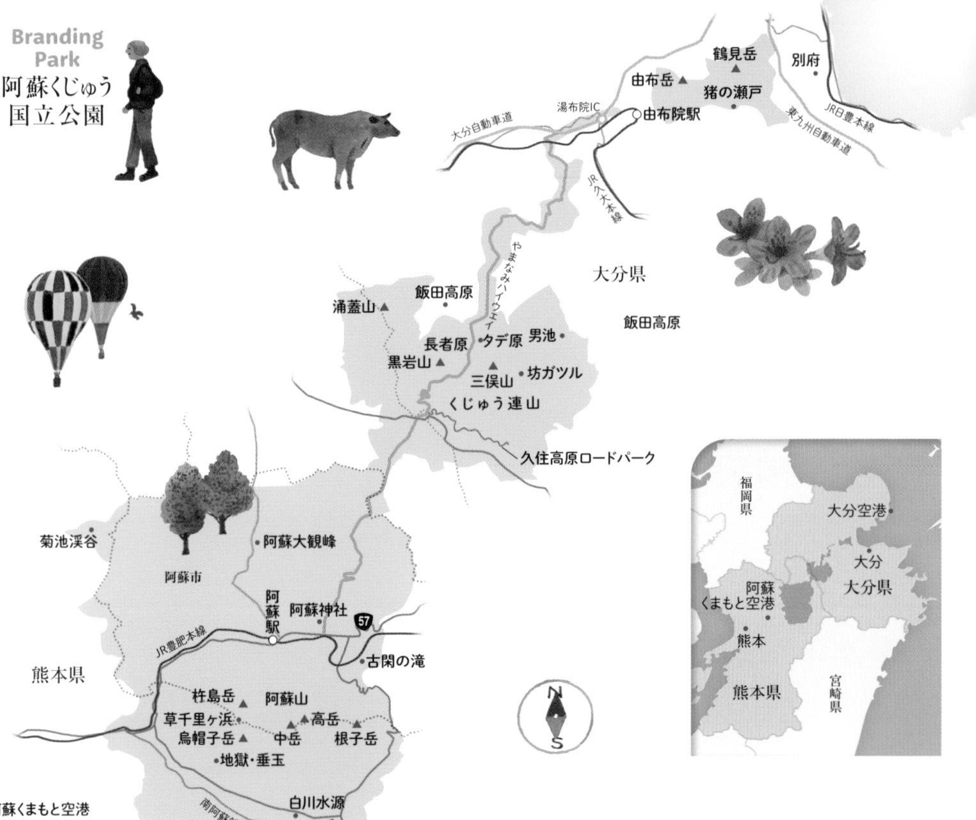

のです。

噴煙を上げる火山、ミヤマキリシマの大群落や紅葉に彩られる山々、その周辺に広がる草原や湿地の散策など大地を巡るアクティビティはもちろん、パラグライダーや熱気球からの景観を楽しむといったこの土地ならではのバリエーションに富んだ楽しみ方ができます。

南阿蘇村の菜の花と一心行の大桜。
春の到来を感じる風景です。

豊富な湧水――火山がもたらす恵み

カルデラ南部や北部の平野には、水田や農耕地が広がっています。これを支えてきたのも火山です――というと驚かれるかもしれません。火山噴出物の一部が水を蓄える帯水層を地下で形成しており、さらに雨水を地下に通しやすい草原が広がっているため、火山地層に多くの水が蓄えられます。

トレッキングに最適のくじゅう連山。5月中旬〜6月中旬には、ミヤマキリシマが一斉に開花します。

そして約50年をかけ地上に湧き、飲料水としてはもちろん、農業用水としても盛んに使われてきました。著名な湧水スポットとして「南阿蘇村湧水群」や「阿蘇神社門前町水基《みずき》」などが挙げられます。

近くに大きな河川もないのに、この土地に農業が発達し、大勢の人々が住みつくことができたのは、この豊かな湧水によるもの。湧き水を利用した灌漑用水の整備とともに、草原の野草や牛馬の有機物を堆肥として活用し、長い年月をかけて土壌改良を重ねてきたおかげです。

時には大きな脅威をもたらす自然。しかし、それを脅威として捉えるだけではなく、恵みを与えてくれる存在として上手く付き合っていく。阿蘇くじゅう国立公園は、日本人のそうした自然観を感じさせてくれる場所なのです。

カルデラに降り注いだ雨や伏流水が集まる白川水源《しらかわすいげん》（南阿蘇村湧水群）。

阿蘇カルデラの中心にある中岳の火口。火山活動の様子を間近に見学できる。
（阿蘇くじゅう国立公園）

science column

地質学から見た日本列島
多様な景観を織りなす日本 その理由を探る

堤 之恭　国立科学博物館地学研究部

亜寒帯、温帯、亜熱帯までさまざまな気候帯があり、多様な気候や景観が、各地にそれぞれ独自の風土をつくり上げてきた日本。その背景を、大地の土台（基盤）となる地質をもとにご説明しましょう。

日本海ができたのは約3000万年〜1500万年前のこと。ユーラシア大陸の東縁が割れ、その「破片」を引きはがして広がることで、新たな海になったと考えられています。破片＝日本は、日本海ができたことにより「列島」となり、さまざまな変動を経て現在は千島弧、東北日本、西南日本、伊豆・小笠原弧、琉球弧の5つの島弧《とうこ》の寄せ集めとして存在しています。そのため地質も複雑で、形成過程の大枠は分かってきているものの、詳細については議論が絶えません。

プレートの沈み込みは、地震や火山活動を引き起こします。日本に火山が多いのは、太平洋プレートおよびフィリピン海プレートという2つの海洋プレートが沈み込んでいるためです。激しく活動する火山の荒涼たる風景や、過去の火山活動が造り出した雄大な風景は、国内外の人々を魅了します。多くの国立公園の景観は、火山が造り出したと言っても過言ではないでしょう。また、太平洋プレートによる列島の東西圧縮は日本アルプスなどの脊梁山脈を、海岸の隆起や沈降は、海岸の断崖やリアス海岸などの景観を造ります。このように、国立公園の景観は地質活動と密接な関係があるのです。

日本列島は地球の中緯度地域に南北細長く位置しているため、多彩な気候風土を育んでいます。気候は基本的に温暖湿潤であり、太陽光と雨の影響をバランスよく受けているので動植物が育ち、周囲の海も同様に多様な生物が棲息します。さらに、四季の変化も魅力の1つです。夏季は、太平洋高気圧がもたらす湿った温暖な空気によって、独特の蒸し暑さに

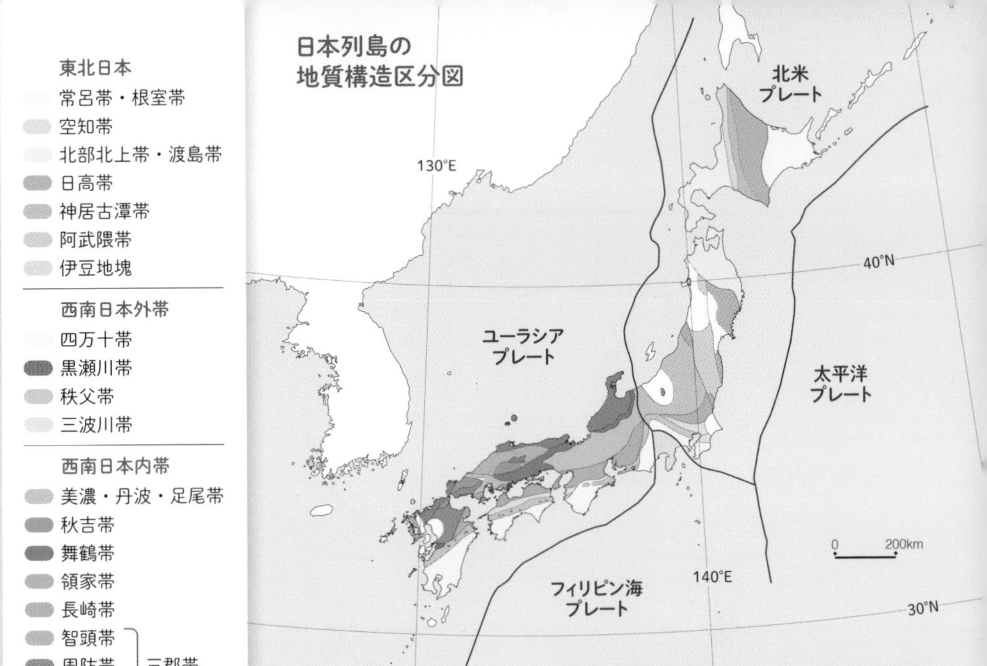

地球の表面は複数のプレートと呼ばれる岩板で覆われ、それらは常に動いています。現在は太平洋プレートが日本海溝や伊豆・小笠原海溝で、フィリピン海プレートが南海トラフや琉球海溝で、それぞれ上盤のプレートの下に沈み込んでおり、それらを含めた長年のプレート沈み込みによってできた「付加体」でできているのが日本列島です。また、プレート運動による圧縮は、山岳地帯やリアス海岸、多島海景観をつくり出した要因にもなっています。

見舞われます。冬季は、シベリア高気圧の冷たい乾いた空気が日本海を渡る間にたっぷりと水蒸気を含み、日本海側に大量の雪を降らせます。湿った風が吹くだけでは何も起こりませんが、その風が山にぶつかって雲ができ、各地に雨や雪を降らせるのです。このように日本の気候や四季には、太平洋と日本海、さらに列島中央部の脊梁山脈の存在が深くかかわっています。動静織りなす豊かな水が見せる河川、湖沼、滝などの景観も、国立公園には欠かせないものですが、これもプレート運動が生み出した脊梁山脈があってこそなのです。ちなみに日本の水は、基本的には軟水です。急峻な地形のために雨水が地中に留まる時間が短いことや、全体的に地層に石灰成分が少ないことが要因です。

同じ土地でも四季折々に風景は変化し、食の味わいも変化する。温泉が湧く地域も少なくありません。できることならば時期を変えて同じ土地を訪れ、ゆっくり滞在して違いを楽しんでいただけるといいですね。

リアス海岸の英虞湾。（伊勢志摩国立公園）

Branding Park

霧

火山と人々とが共存する地

噴煙を上げる桜島、
その目の前に広がる
市街地。
ほかにも20を超える
火山があり、
火口湖、噴気現象、
温泉、高原、
海上カルデラなど、
「火山地形の見本園」
とも呼ばれる
雄大な景観に
出会うことができます。
海の幸はもちろん、
農産物や酒造りも盛んな
この地を訪ねれば、
自然への見方が
ガラリと変わるでしょう。

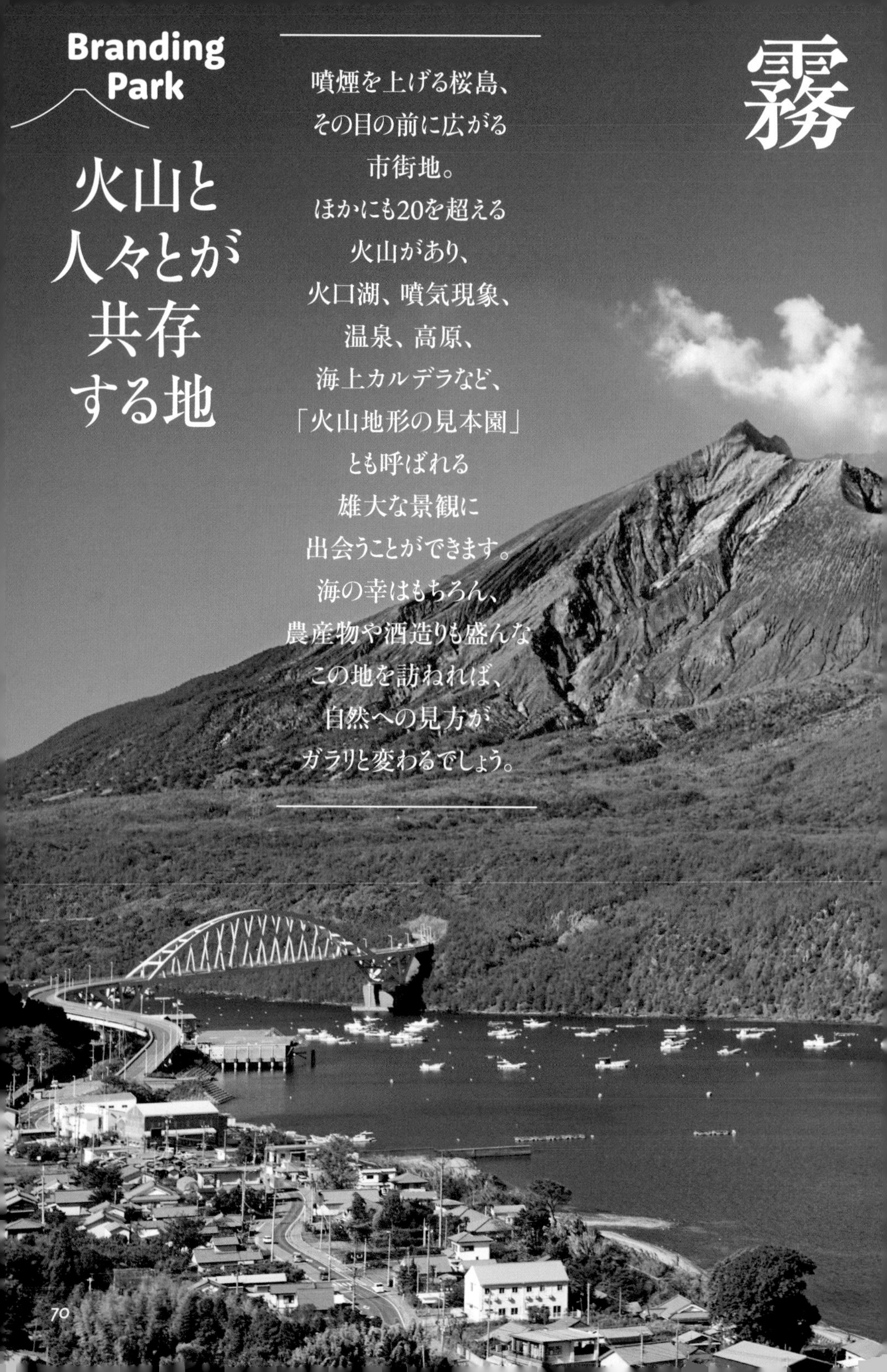

島錦江湾国立公園

Kirishima-Kinkowan National Park

㉙

公園中央に位置する桜島では、力強い地球のエネルギーと自然の奥深さを感じることができます。

雄大な海山の眺めと温泉

昭和9（1934）年に指定された我が国最初の国立公園の1つです。本公園は、大きく北部と南部のエリアに区分され、それぞれ霧島《きりしま》地域、錦江湾《きんこうわん》地域として、特徴的な景観を有しています。

北部の霧島地域では、大小20以上の火山が連なり、火山活動に伴って生まれた火口湖、噴気現象、温泉、高原があり、自然の植生も多く残されています。「火山地形の見本園」とも称され、えびの高原、霧島温泉郷、高千穂河原《たかちほがわら》、霧島神宮などには、毎年多くの観光客が訪れます。高千穂峰《たかちほのみね》は天孫降臨神話が宿る、神秘の山でもあります。

南部の錦江湾地域には、現在も噴煙を上げ地域のシンボルともなっている桜島を中心に、薩摩半島側には「薩摩富士」とも称される開聞岳《かいもんだけ》（標高924m）や池田湖、大隅《おおすみ》半島側には亜熱帯性植物が多く生育する佐多岬などがあり、湾内の海域を含めて特色のある景観が広がっています。

世界でもまれな火山と人の暮らしの近さ

噴煙を上げながら錦江湾にそそり立つ桜

九州最大のカルデラ湖の池田湖。湖岸には棚田が広がっている。

島は、人口約60万人の県都（鹿児島市）の中心街からわずか4kmという目と鼻の先にあります。その周囲に5000人近い人々が住み、日々、降灰予報などを気にしながら暮らす環境は、世界的に見ても非常に珍しいもの。時に火山灰を浴びながら、農業や漁業、観光産業などで暮らしています。

降灰は農産物の大敵ですが、火山灰土壌を好む「桜島ダイコン」や「桜島小みかん」などの特産品も誕生させています。

山々で濾過された水が南九州の焼酎文化を支え、良質な茶葉を生み出してもいます。

火山の恵みの最たるものといえば、各地で噴出する温泉でしょう。

多彩な泉質の湯が湧き出る霧島温泉郷、地形を利用した「砂むし風呂」を体験できる指宿《いぶすき》温泉などが有名で、個室の温泉施設を少人数で楽しむ「家族風呂」という温泉文化も霧島温泉郷が発祥地です。大地から湧き出る蒸気熱を利用した「スメ」と呼ばれる天然蒸気かまどが各家庭に備わった集落（指宿市鰻地区）もあります。

火山と近接した暮らしは、この公園独特の食文化や温泉文化を形成する、大きな要因の1つになっています。

初秋のえびの高原を囲む山の1つ甑《こしき》岳《だけ》。標高1301mの山頂には、ススキの草原と小さな湿原がある。

春に咲くキリシマミズキ。

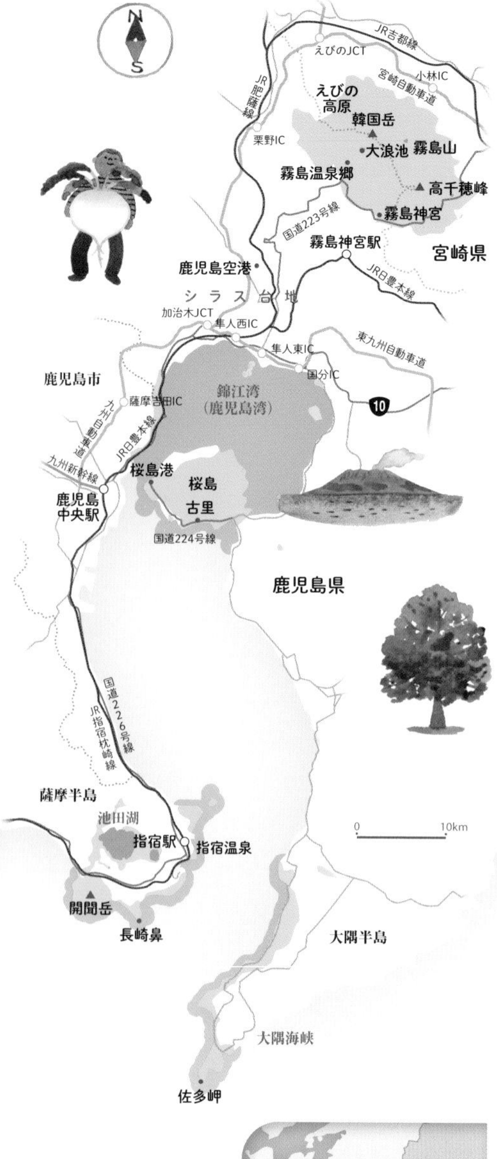

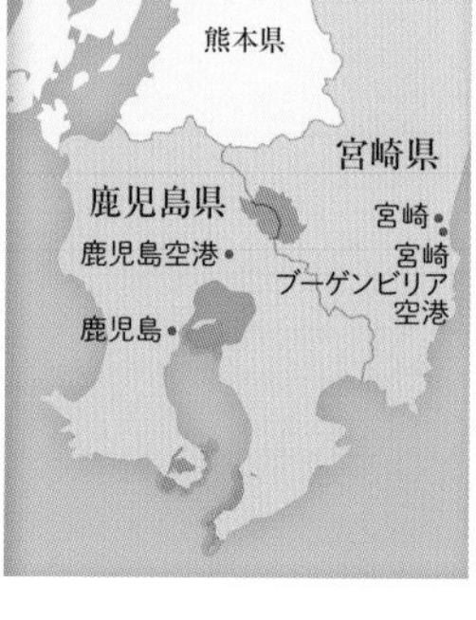

錦江湾は噴火でできた海上カルデラ

桜島をはじめ、公園内には現在も噴火を続ける火山や、過去の大規模な噴火によって形成された巨大なカルデラ群が見られます。これらは九州の東側の海底に沈み込むプレートの活動に起因した火山活動により形成されたもので、加久藤《かくとう》カルデラ、小林カルデラ、姶良《あいら》カルデラ、阿多《あた》カルデラなどがあり、列をなして南九州地方を南北に並んでいます。

姶良カルデラは現在は内湾となっていて、巨大な火山が噴火して落ち込んだ、我が国屈指の海上カルデラ景観を見せてくれます。

県都の鹿児島市と桜島は
4kmしか離れていない。

ちなみに桜島はかつて、名称が示すとおり「島」でしたが、大正3（1914）年に起きた大規模な噴火の際、流出した溶岩によって大隅半島と陸続きになりました。

霧島の美しい火山景観と神話・文化を体感したり、桜島・錦江湾の絶景と本土最南端の南国風景を味わうなど、変化に富んだ旅が楽しめる場所です。

霧島温泉郷の千畳敷。
川床は溶岩が冷え固
まったもの。

初夏に咲くミヤマキリシマ。
火山周辺に多く見られます。

えびの高原に生息する
野生のシカ。

Branding
Park
霧島錦江湾
国立公園

science column

着生植物の宝庫 屋久島

堤 千絵 国立科学博物館植物研究部

湿潤な気候に恵まれ、縄文杉が聳《そび》える。写真はウィルソン株。伐採当時の推定年齢は3000年といわれる。

樹齢1000年を超える縄文杉で知られる屋久島は、多様な植物相で知られ世界自然遺産にも指定されている。高地では年間1000mmの降雨による湿潤気候ならではの着生《ちゃくせい》植物の世界が広がっている。

周囲約132kmの島に、1936mの宮之《みやの》浦岳《うらだけ》をはじめ、1000mを超える山々が連なる屋久島には、およそ1500種の維《い》管束《かんそく》植物が生育し、亜熱帯〜暖温帯〜冷温帯、海岸から山岳地帯、河川や湿原など、多様な植生が凝縮して見られる。亜熱帯と温帯の境目に位置し、分布の南限種、北限種も多い。また、屋久島で特筆すべき点として、南日本では稀有《けう》な山岳地帯、急峻な谷間を流れる河川があげられる。山岳地ではイッスンキンカ

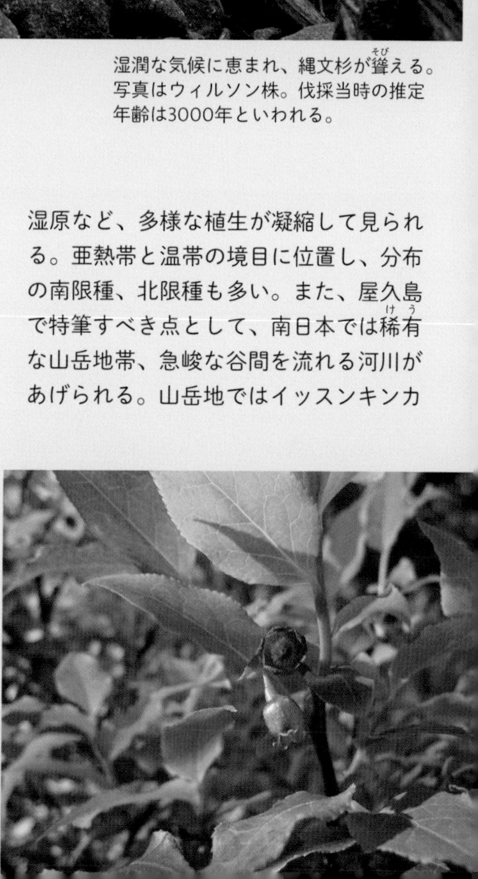

屋久島固有種であるイッスンキンカ。

ナナカマドも屋久島では着生化する。

やヒメコナスビなどの矮小化した植物、急峻な河川ではサツキやヤクシマカワゴロモなどの渓流沿い植物が見られる。屋久島のみに生育する屋久島固有種は70種以上、ヤクシマと名のつく植物も多く、科博（国立科学博物館）で行った日本の固有植物の分布調査では、父島（小笠原）に次いで屋久島が2番目に固有種指数が高いことが明らかになっている。屋久島がいかに植物豊かで貴重な島であるか、おわかりいただけるだろう。

さらに屋久島は着生植物の宝庫でもある。着生植物とは他の植物の樹上で生育する植物で、屋久島ではセッコクなどのラン、シノブなどのシダのほか、他の地域ではふつう地上で生育するスギ、ヤマグルマ、ナナカマド、サクラツツジなどが樹上でもごくふつうに見られる。月に35日も雨が降るとも言われるほど年間降水量が多く、豊富な雨と、霧の多い湿潤な環境が植物の着生化に関与していると考えられる。屋久島を訪れた時には、ぜひ樹上にも目を向けてもらいたい。

写真で紹介するアクシバモドキは、ツツジ科スノキ属の植物で、主に苔むしたスギなどの大木上で生育する着生植物であり、屋久島にのみ生育する。絶滅危惧II類（VU）に指定されているが、標高が比較的高い場所でなら、木の上に注目しながら歩けば登山道沿いでも見つけることができるだろう。青々とした小低木で、若い枝も緑色をしており、4～5月ごろ、葉と葉の間に隠れるように、赤色をおびた5～6mm程度の釣鐘状の小さなかわいらしい花を咲かせる。秋には黒紫色の果実をつける。これまでの調査でアクシバモドキは、地上で生育する温帯～冷温帯性のスノキやウスノキと類縁であることがわかり、屋久島という特異な環境で樹上へと進化した種と推定される。

科博で行った絶滅危惧植物の分布調査では、日本で絶滅危惧植物が多いのは、小笠原諸島の父島、石垣島に次いで、屋久島は3位となっており、60種を超える絶滅危惧種が生育する。屋久島で絶滅危惧種が多い原因としてあげられるのが、シカによる食害である。2019年に行った絶滅の恐れのあるシダ植物の調査では、かつてはふつうに地上で見られたシマヤワラシダ、ヤクシマタニイヌワラビなどが、いまではシカよけの防護柵内では見られても、他ではほとんど見られなくなってしまっていた。屋久島の豊かな植物を守ることは、直近の最重要課題である。

アクシバモドキ。絶滅危惧種に指定されている。

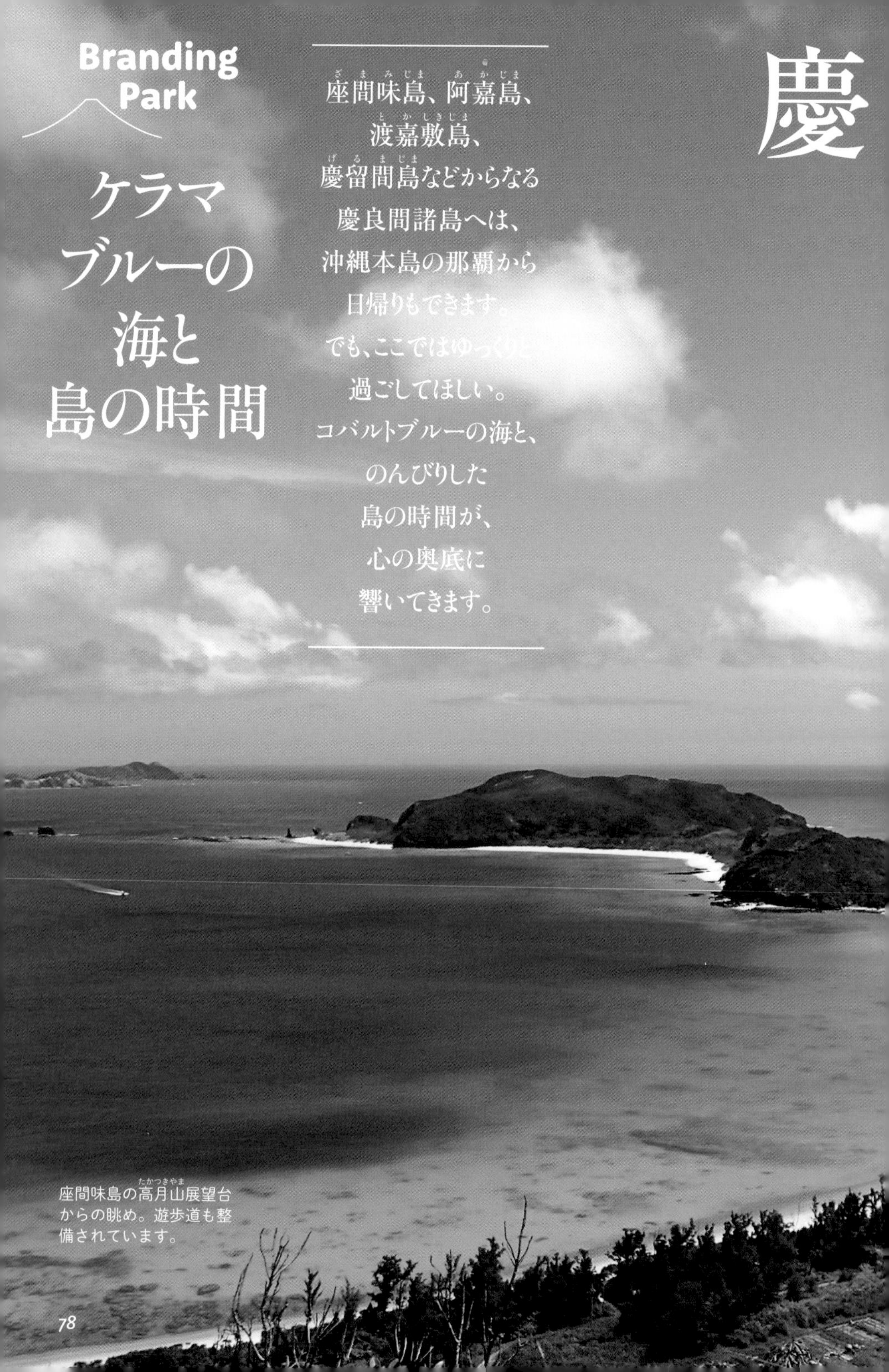

Branding Park

ケラマブルーの海と島の時間

座間味島《ざまみじま》、阿嘉島《あかじま》、
渡嘉敷島《とかしきじま》、
慶留間島《げるまじま》などからなる
慶良間諸島へは、
沖縄本島の那覇から
日帰りもできます。
でも、ここではゆっくりと
過ごしてほしい。
コバルトブルーの海と、
のんびりした
島の時間が、
心の奥底に
響いてきます。

座間味島の高月山《たかつきやま》展望台からの眺め。遊歩道も整備されています。

慶

良間諸島国立公園

Kerama shoto National Park
㉝

ウミガメの仲間の中で最も
遭遇率が高いアオウミガメ。

生命を育む「ケラマブルー」の海

大小30余りの島々と数多くの岩礁から成り立つ慶良間諸島。那覇市泊港から高速船で約35〜50分とアクセスもよく、「ケラマブルー」と称される海が、クリアな水色から深い群青色へと、グラデーションを見せながらきらめいています。

ケラマブルーの海は、生命を育むゆりかごです。海域にはテーブル状、枝状、角状、塊状などさまざまな形状のサンゴが高密度で広がっていて、そのバリエーションは計248種。国内で確認される造礁サンゴの約6割がここに生息しています。

立体的に複雑な構造をしているサンゴには、多くの海洋生物が集まっています。カラフルな魚たちとともに、ウミガメが悠々と泳ぎ、周辺の海域には冬から春にかけてザトウクジラが繁殖のためにやってきます。

慶良間での楽しみはマリンアクティビティだけではありません。島の中に足を向ければ、海から陸まで連続した多様な景観を味わうことができ、そこには歴史に育まれ

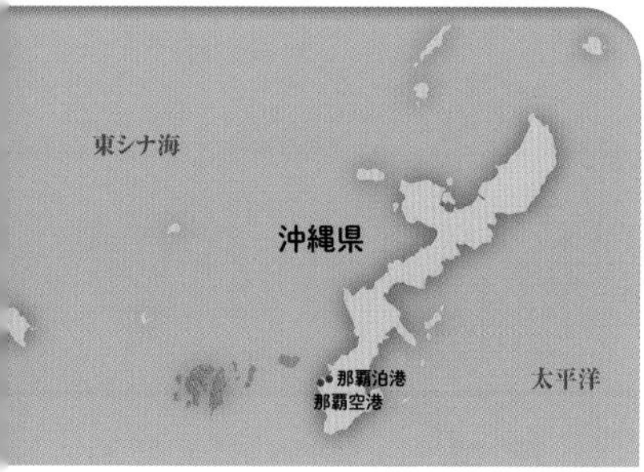

た民俗文化が息づいています。ゆったりと流れる島時間に身をゆだね、非日常的な空間で本来の自分と向き合う。そんなひとときを過ごせる公園なのです。

リトリートへ誘《いざな》う「島の時間」

「リトリート（Retreat）」とはもともと「逃避する、避難する」といった意味。そこから派生して、多忙な日常生活からいったん離れる時間をもち、心身をリセットして、ポジティブに日常生活を再スタートする、

阿嘉島の北浜（ニシバマ）にあるニシバマテラス。

慶留間島の高良家《たからけ》は、沖縄民家の原型を留め、国の重要文化財に指定されています。

ビーチや展望台などから海にゆっくりと沈む夕日を眺めていると、しばし現実を忘れてしまうほど。

冬の楽しみはホエールウォッチング。
母子クジラに出会えることも。

といった意味でも使われます。慶良間の島々は、訪れる者をリトリートへと誘うドラマティックな景観美や癒しの時間に満ちています。

渡嘉敷島、座間味島、阿嘉島、慶留間島にはそれぞれ、ダイナミックな多島海景観を一望できる魅力的な展望台があり、高台から眺めるサンセットは時間を忘れるほどの美しさ。阿波連《あはれん》ビーチ（渡嘉敷島）や阿真《あま》ビーチ（座間味島）で、のんびり砂浜に座って海を眺め、海と空とが刻々と表情を変える夕暮れのひとときを過ごすだけでも心身がリフレッシュされます。

沖縄には「ゆんたく」といって、家族や友人が木陰などに集い、おしゃべりを楽しみながら夕涼みをする習慣があります。石灰岩の石垣やサンゴの石塀が続く集落内の路地を抜け、夕方、人々のゆんたくの輪に加わってゆったりとした島時間を感じてみるのも、離島ならではの時間の過ごし方。気づけば空には満天の星が広がっています。

航海安全、五穀豊穣などを祈願する座間味島の海《うみ》御《う》願《がん》（海神祭）。ミルク神（弥勒）が巡幸を先導する。

シーカヤックやホエールウォッチング

ラムサール条約の登録湿地にもなっている海は、透明度の高さでは世界屈指で、魚やサンゴをはじめとする海の生物の種類もバラエティーに富んでいます。

ダイビングやシュノーケリングで遭遇率が高い生き物に、ウミガメの仲間がいます。慶良間の海には、アオウミガメ、タイマイが生息しており、シーカヤックやSUP（スタンドアップパドルボート）に乗りながら、海中を泳ぐウミガメの姿を見ることができます。

毎年12月下旬から4月上旬にかけて、繁殖のために慶良間の海にやってくるザトウクジラにも高い確率で出会うことができます。神秘的なザトウクジラの行動を船から観察するホエールウォッチングは、冬季アクティビティの目玉で、運が良ければザトウクジラの子育ての様子を観察することができるかもしれません。

特筆すべきは、マリンアクティビティの事業者が、生き物の保全を第一に考えた姿勢で 、仕事に取り組んでいる点でしょう。事業者が地元住民と共同し、サンゴの保全活動やモニタリング調査、海岸清掃をボランティアで行うなど、海の環境保全に努めています。

多彩な生き物の宝庫であるケラマブルーの海は、地域を挙げた保全活動によって守られているのです。

透明度の高い海。造礁サンゴにカラフルな熱帯魚たちが舞う、世界的なダイビングスポット。

science column

奄美群島を彩る希少動物

中江雅典
国立科学博物館動物研究部

奄美大島住用《すみよう》に広がるマングローブ林。
©Jiro Tateno / SEBUN PHOTO / amanaimages

**動植物の固有種が
多数生息することから
「東洋のガラパゴス」とも呼ばれる、
奄美《あまみ》大島をはじめとする
奄美群島へ
希少動物を見に行こう。**

奄美群島は、鹿児島県南部に位置し、奄美大島、加計呂麻島《かけろまじま》、請島《うけじま》、与《よ》路島《ろじま》、喜界島《きかいじま》、徳之島《とくのしま》、沖永良部島《おきのえらぶじま》、与《よ》論島《ろんじま》などの島々で構成される。亜熱帯照葉樹林やマングローブ林、干潟、サンゴ礁などの大自然の下、さまざまな固有動物や希少動物が生息する。それらのうち、奄美群島国立公園に訪れた際にぜひ出会いたい、いくつかの動物を紹介しよう。

アマミノクロウサギは、世界でも奄美大島と徳之島にしか生息していない固有種である。大きさはニホンノウサギとほぼ同じであるが、体が暗褐色で、耳や足が短いという特徴をもっている。夜行性のため、夜間の常緑広葉樹林で出会えるチャンスがある。ウサギの原始的な形質をもつなど、学術的に重要な種であり、生息個体数の少なさなどの理由から、1963年に国の特別天然記念物に、2004年には種の保存法による国内希少野生動植物種に指定され、現在も環境省のレッドリスト絶滅危惧IB類に選定されている。しかし、保全活動の結果、近年は個体数が回復傾向にある。

ルリカケスも世界で奄美大島、加計呂麻島および請島にしか生息していない固有種である。体が赤褐色、頭部と翼、尾

暗褐色の毛に覆われた
アマミノクロウサギ。

©TAKESHI FUKAZAWA / SEBUN PHOTO / amanaimages

ルリカケス。鹿児島県の
県鳥に指定されている。

©TOSHITAKA MORITA / SEBUN PHOTO / amanaimages

羽が瑠《る》璃《り》色の美しい鳥であり、1921年から国の天然記念物に指定されている。以前は開発による生息地の破壊、マングースや野生化したネコによる捕食のために絶滅の危機に瀕していたが、保全活動の結果、2008年には希少野生動植物種の指定が解除されるなど、個体数が回復しつつある。照葉樹天然林が主な生息環境であるが、林縁部でも出会えるチャンスがある。

奄美群島で出会いたいが出会いたくないような動物もいる。毒ヘビのハブやヒメハブがその代表例だ。ハブは奄美大島、徳之島、沖縄島などに生息する中琉球《なかりゅうきゅう》の固有種であり、全長2mを超える日本最大の毒ヘビである。近年も奄美群島で年間50件ほどの咬傷《こうしょう》被害が発生している。奄美大島や加計呂麻島の道ばたに2mほどの棒が立てかけてあるのを見かける場合がある。これはハブ用の用心棒なのである。

上記の動物のほかに、ややずんぐりとした体型で愛嬌のあるアマミヤマシギ、体の尾の縞模様が美しいオビトカゲモドキ（トカゲではなくヤモリの仲間）、コブラ科のヘビであるヒャン、日本一美しいカエルとも言われるアマミイシカワガエル、体長が10cmを超えるオットンガエル、海底にミステリーサークルをつくることで知られるアマミホシゾラフグ、世界でも奄美大島にしか生息しないリュウキュウアユ（沖縄島の個体群は奄美大島からの移入）、シカクワガタの仲間では唯一日本に生息するアマミシカクワガタなど、本コラムでは紹介しきれないほどの固有種が奄美群島やその周辺に生息している。彼らが生息している現地へ赴き、なぜこれほどの固有種が生息しているのか、彼らの未来は明るいのか、肌で感じていただきたい。

国立公園にも迫る地球環境問題

巻末Column

環境省自然環境局国立公園利用推進室
森川政人

ここまで語られてきたように、日本の国立公園には、その地域の自然と文化が織りなす、独特の景観があります。

しかし、今、地球温暖化、海洋プラスチックごみ問題、さらには種の絶滅に伴う生物多様性の減少など、地球規模の環境問題の影響が国立公園でも現れはじめています。

2018年10月、IPCC（気候変動に関する政府間パネル）は、IPCC特別報告書「1.5°Cの地球温暖化」を発表し、世界各国にさらなる警鐘を鳴らしています。国立公園では、近年になり複数地域でニホンジカによる高山植物の食害が拡大しています。ニホンジカの生息は積雪量の影響を受けると指摘されており、地球温暖化に伴う降雪量の減少により、生息域が高山帯に広がっている可能性があります。春夏の高山植物は、そのエリアの景観の重要な構成要素です。さらに降雪の減少は、ウィンタースポーツがこれまでは楽しめていた場所での利用のあり方の見直しが迫られる事態も考えられます。

また、海岸線を持つ国立公園では、海洋プラスチックごみ問題も深刻です。西表《いりおもて》石垣《いしがき》国立公園内の砂浜には定期的にごみが打ち上げられ、美しい海岸景観に影響が出ています。日本は海に囲まれ、豊かな海洋生態系が広がっていますが、マイクロプラスチックによる影響が今後危惧されます。

生物多様性については、IPBES（生物多様性及び生態系サービスに関する政府間科学政策プラットフォ

ーム）が、2019年5月に発表した地球規模評価報告書では、世界で推計100万種が絶滅の危機に瀕しているとされ、これらの種の多くは、人間活動による脅威を取り除かなければ今後数十年で絶滅する恐れがあると警告しています。日本の国立公園でも、人の活動に起因する生物多様性への影響が各地で発生しています。例えば、長期間にわたり隔離された環境で育まれた小笠原特有の生物多様性がみられる小笠原国立公園では、人が持ち込んだグリーンアノールという外来種のトカゲにより、小笠原のみに生息するオガサワラシジミやオガサワラトンボといった特に昆虫類の固有種が捕食されることにより、絶滅が心配されています。

今ご紹介した国立公園に迫る危機は、いずれも深刻な問題であり、各地域では、環境省のみならず関係者が連携し対策を進めています。国立公園を訪れた際は、自然・文化など魅力的な面だけでなく、国立公園に迫る危機にも目を向けてみてはいかがでしょうか。

日本はその特殊な地理的環境により、地震・噴火・台風といった自然災害が絶えません。しかし、そのような環境だからこそ、世界でも類《たぐい》希《まれ》なる景観が形作られ、またそこで暮らす人々は、先人の知恵を引き継ぎ、地域の自然と向き合い続け、独自の文化が育つ。日本の国立公園にはそのような地域が多くあります。

人口が都市に集中し、都市に住む人々と自然との関係は希薄となり、その傾向は現在も続いています。このような時世の中で、単なる観光地としての国立公園ではなく、しなやかでかつ人間生活を支える生態系の機能を有する自然環境の偉大さを感じ、またそこで営まれる生活からは自然との付き合い方のヒントが得られる場として、国立公園を感じていただきたいと思います。

写真はイメージです。　©artifirsov-stock.adobe.com

全国
国立公園
ガイド

1 利《り》尻《しり》礼《れ》文《ぶん》サロベツ国立公園

北海道

海から聳《そび》え立つ利尻山（標高1721m）は山腹に多数の湧水を抱き、登山に最適。広大な眺望を楽しめる。花の浮島といわれる礼文島は固有種のレブンアツモリソウ、対岸のサロベツ原生花園ではエゾカンゾウなどの湿原植物の花に溢れる。サロベツ原野はラムサール条約の登録湿地であり、オオヒシクイなどのマガン類の飛来数は数千を超える。

2 知《しれ》床《とこ》国立公園

北海道

火山が生んだ山々と高さ100mを超える海岸断崖が織り成す雄大な景観が魅力。シレトコスミレなどの希少種を含む高山植物が見られ、ヒグマも生息。羅《ら》臼《うす》のホエールウォッチングは、春のミンククジラに始まり、シャチ、マッコウクジラと季節とともに見ることができる種類が変わる。冬は流氷クルーズも。生物多様性と生態系により世界自然遺産に登録されている。

5 大雪山《だいせつざん》国立公園
北海道

溶岩台地の上に、大雪火山群、十勝《とかち》火山群、針広混交林の大樹海が広がる日本最大の山岳国立公園。2000m前後の山々が連なる高山帯では、永久凍土や雪渓が見られる。250種に及ぶ高山植物の宝庫であり、岩場にのみ生息するエゾナキウサギや、高山蝶のウスバキチョウなどの希少動物も見られる。登山、温泉さらにはスキーと大自然を満喫できる。

6 支笏洞爺《しこつとうや》国立公園
北海道

支笏湖・洞爺湖の二大カルデラ湖や、羊蹄山《ようていざん》・有珠山《うすざん》・樽前山《たるまえさん》など多様な形式の火山や噴泉・地獄谷・火山性湖沼など特異な火山性景観を見ることができる「火山活動の博物館」。深く澄んだ湖水が魅力の支笏湖は北限の不凍湖。羊蹄山には広葉樹林→針葉樹林→高山植物の典型的な植物垂直分布が見られる。「洞爺湖有珠山ジオパーク」は世界ジオパークに認定。

8 三陸復興国立公園
青森・岩手・宮城

青森種差《たねさし》海岸から宮城金華山《きんかさん》に至る南北250km。南部は海食がつくり出したリアス海岸。漁港も多く、豪壮かつ優美な海岸線と人間の営みが自然と共生してきた特異な景観が楽しめる。海岸にはオオミズナギドリなど海鳥の繁殖地があり、ハマナス、スカシユリなどの花が見られる。東日本大震災からの復興を目的の1つとした国立公園。

9 磐梯《ばんだい》朝日国立公園
山形・福島・新潟

古社と修験者に出会える信仰の山、出羽三山。スカシユリ、イイデリンドウ咲く朝日連峰から飯豊《いいで》連峰に至る「東北アルプス」。登山、スキー、温泉を楽しむ吾妻連峰。そして五色沼、桧原湖《ひばらこ》など300を超える湖沼に囲まれた磐梯山と、コハクチョウの飛来地猪苗代湖《いなわしろこ》。各地域に魅力をそなえた広大な山岳公園。

11 尾瀬《おぜ》国立公園
福島・栃木・群馬・新潟

標高1400mに広がる高層湿原の尾瀬ヶ原（760ha）、堰止湖《せきとめこ》の尾瀬沼、そして至仏山《しぶつさん》、燧ヶ岳《ひうちがたけ》、会津駒ヶ岳《あいづこまがたけ》、田代山《たしろやま》などの2000m級の山からなる。北方系の植物やオゼソウなどの稀産種を含め938種の植物が生育する。湿原内は木道が整備され、ミズバショウ、ニッコウキスゲを見ながらのハイキングが楽しめる。ラムサール条約湿地。

12 上信越高原《じょうしんえつこうげん》国立公園
群馬・新潟・長野

浅間山や谷川岳など「日本百名山」を多数有する。苗場、志賀高原などのスキー場や四万《しま》、草津、万座《まんざ》など日本を代表する温泉地も多い。コマササを始め多くの高山植物が生育するほか、イヌワシ、クマタカなどの猛禽類やオコジョ、ツキノワグマ、ニホンカモシカなどが生息。地獄谷野猿公苑のスノーモンキーは必見である。

13 妙高《みょうこう》戸《と》隠《がくし》連山国立公園

新潟・長野

活火山である妙高山と焼山《やけやま》、非火山戸隠連峰の結集した特異な山岳地。「糸《いと》魚《い》川《がわ》ジオパーク」ではフォッサマグナ西側の断層が観察できる。黒姫山の山崩れで生成された野尻湖《のじりこ》は複雑な湖岸を有する。戸隠高原はキビタキ、オオアカゲラ、アカショウビンなど100種以上の野鳥が観察できるバードウォッチングの名所。

14 秩《ちち》父《ぶ》多《た》摩《ま》甲《か》斐《い》国立公園

埼玉・東京・山梨・長野

東京に最も近い山岳公園。奥多摩の山系から2000m級の高峰が連なる奥秩父山塊と大菩薩《だいぼさつ》嶺《れい》、両神山《りょうかみさん》などを含む山岳と、変化に富む渓流が特徴。多摩川、荒川などの源流部であり、渓谷美と豊かな植生をもつ。森林に覆われた環境は多くの大型動物を育み、渓流はイワナ、ヤマメの宝庫。山嶺の縦走も楽しめる。

15 小《お》笠《がさ》原《わら》国立公園

東京

日本列島の南約1000kmに浮かぶ亜熱帯の海洋島。独自の進化を遂げた動植物、固有種の宝庫で世界自然遺産に。アカガシラカラスバト、オガサワラオオコウモリなど絶滅危惧の希少種が生息。島々の周辺にはサンゴや熱帯魚が生息。ザトウクジラ、ミナミハンドウイルカ、アオウミガメに出会うことができる。

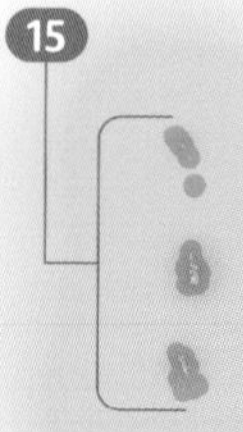

16 富士箱根伊豆国立公園

東京・神奈川・山梨・静岡

日本の最高峰である富士山（3776m）周辺は、富士五湖や樹海が広がり、湧水の池や滝もある。噴気立ちのぼる箱根の大涌谷《おおわくだに》、温泉巡りは登山鉄道やロープウェイで。大木も残る森と変化に富んだ海岸線をもつ伊豆半島は、ハイキング、マリンスポーツ、海の幸が楽しめる。伊豆諸島は釣りやダイビングのポイントが多数ある。交通の便に恵まれた東京圏に近い国立公園。

17 中部山岳国立公園

新潟・富山・長野・岐阜

白馬岳、立山《たてやま》、槍《やり》ヶ《が》岳《たけ》、乗鞍岳《のりくらだけ》という3000m級の山々が連なる、日本を代表する傑出した山岳景観。氷河が削った深いU字谷や雪渓の美しさが登山者を魅了する。ツキノワグマ、ニホンカモシカ、オコジョなどの哺乳動物、猛禽類、高山蝶が豊富に生息する。高山帯のハイマツ群やお花畑では、希少なライチョウにも出会える。

18 白山《はくさん》国立公園

富山・石川・福井・岐阜

御前峰《ごぜんがみね》（2702m）を最高峰とする白山連峰は、信仰の山として知られる。高山帯・亜高山帯に原生的な自然を残し、ハクサンフウロ、クロユリなどの高山植物は250種を数える。動物相も豊かで、ユネスコの「生物圏保存地域」に指定。高地には6億トンともいわれる豪雪が形づくる自然景観が広がる。白山周辺の手取《てとり》層群からは恐竜などの化石も多く見つかる。

19 南アルプス国立公園

山梨・長野・静岡

甲斐駒《かいこま》・鳳凰《ほうおう》山系、白峰《しらね》山系（最高峰は国内No.2の北岳3193m）、赤石山系からなる今も隆起を続ける構造山地。氷河の形成したカール、V字谷や崩壊地が多い。気候や地形の影響により森林限界の標高が高く稜線まで森林が覆う。氷河時代の遺存植物キタダケソウ、チョウノスケソウ、また、クモマツマキチョウなどの高山蝶が見られる。

21 吉野熊野《よしのくまの》国立公園

三重・奈良・和歌山

大峰《おおみね》山脈と広大なブナ林に覆われた大台ヶ原《おおだいがはら》、そこを源流とする熊野川の深い渓谷美。海岸部には海食崖が多く、複雑な海岸地形が海鳥類の好繁殖地に。熊野から尾鷲《おわせ》にかけての海岸ではクロサギ、アマツバメを観察できる。古来、熊野信仰と修験の聖地として知られ「紀伊山地の霊場と参詣道」は世界文化遺産。吉野山は日本有数のヤマザクラの名所である。

22 山陰海岸国立公園

京都・兵庫・鳥取

海食崖、海食洞、岩礁そして砂丘と変化に富み「海岸地形の博物館」といわれる。「山陰海岸ジオパーク」は、世界ジオパークに認定されている。複雑に入り組んだリアス海岸と河口部に形成された砂丘が独特の対照をなす。丹後砂丘、鳥取砂丘ではトウテイラン、コウボウムギなどの砂丘植物が見られる。海の透明度が高く、藻場などの海中景観が美しい。

㉓ 瀬戸内海国立公園

瀬戸内海沿岸11府県

大阪湾から関門《かんもん》海峡・国東《くにさき》半島に至る広大な内海に多くの島が浮かぶ。陸側は展望が開け、段々畑、潮待ちの港町、社寺など古くから人々が暮らした景観を見せる。海峡や瀬戸で外海と隔たった海は魚介類が豊富で、スナメリ、カブトガニなど希少生物も育む。宮島の「厳島《いつくしま》神社」は、その後背地の弥《み》山《せん》原始林を含め世界文化遺産に登録されている。

㉔ 大山隠岐国立公園
➔8ページ

㉘ 阿蘇くじゅう国立公園
➔62ページ

㉙ 霧島錦江湾国立公園
➔70ページ

㉝ 慶良間諸島国立公園
➔78ページ

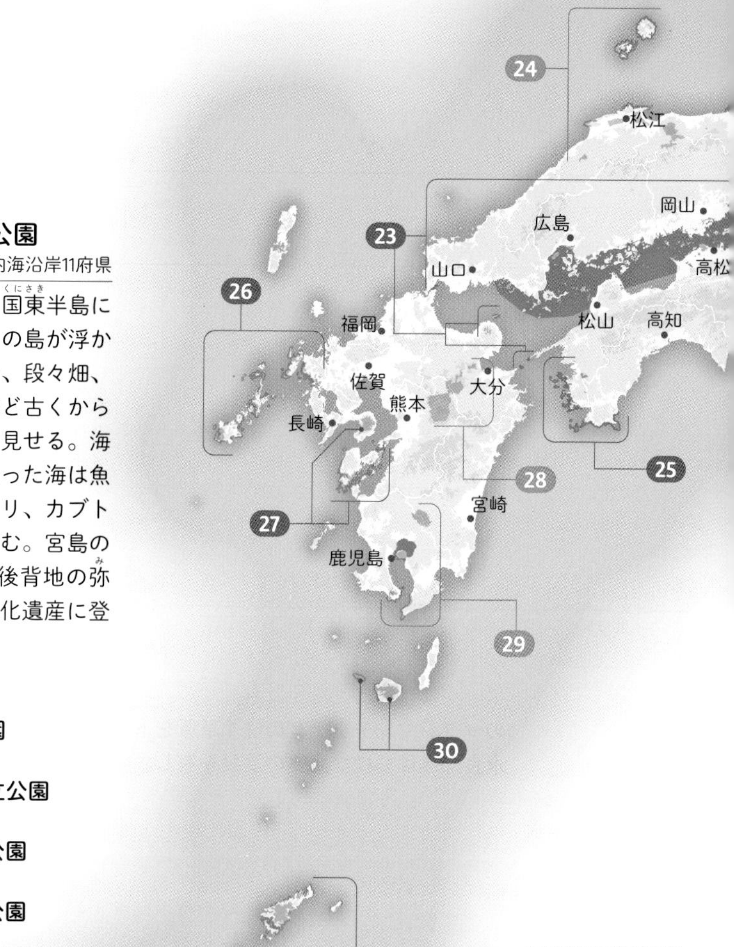

㉕ 足《あし》摺《ずり》宇《う》和《わ》海《かい》国立公園

愛媛・高知

断崖絶壁の続く景観の足摺地域に対して、リアス海岸の複雑な入り江と島嶼《とうしょ》景観を見せる宇和海地域。ともに暖流の黒潮の影響で亜熱帯性の海洋生物やサンゴの群集が見られ、幅50mを超すようなシコロサンゴの群体を望むこともできる。内陸側の四万十川《しまんとがわ》水系の上流部にある滑床《なめとこ》渓谷では、滑らかな河床が美しい。

26 西海《さいかい》国立公園

長崎

佐世保《させぼ》の九十九島《くじゅうくしま》から平戸島、五島《ごとう》列島に至る400余の島からなる海の公園。多様な海岸景観と多様な生態系をもつ。ハチクマ、アカハラダカ、ナベヅル、マナヅルなどの渡りも観察できる中継地。古くから中国・ヨーロッパ文化と接触があり、世界文化遺産「長崎と天草地方の潜伏キリシタン関連遺産」と地域が重なる。捕鯨文化や佐世保の軍事遺跡も見どころ。

27 雲仙天草《うんぜんあまくさ》国立公園

長崎・熊本・鹿児島

雲仙の普賢岳《ふげんだけ》は1990～95年の大噴火で平成新山（1483m）を生成。火山と温泉、湧水溢れる「島原半島ジオパーク」は世界ジオパークに認定。普賢岳の紅葉樹林、ミヤマキリシマなどの花、オオルリ、ツツドリなど夏鳥の観察も楽しめる。天草地域は大小120の島々を含む多島海で、沈降海岸特有の湾入、陸繋島《りくけいとう》や海食崖など変化に富み、海中ではサンゴ類も見られる。

30 屋久島《やくしま》国立公園

鹿児島

日本で一番雨が降る山岳島・屋久島は亜熱帯から冷温帯気候までを有し、標高0～1900mまで多様な植生が見られる。樹齢1000年を超えるヤクスギが聳《そび》え世界自然遺産にも登録。苔むした原生的な森林や渓流、山頂付近のヤクシマシャクナゲの咲く草原をトレッキングで楽しめる。火山島・口《くちの》永良部島《えらぶじま》は多様な泉質の温泉を有し、希少なエラブオオコウモリの生息地。

31 奄美群島《あまみぐんとう》国立公園

鹿児島

山地の多い奄美大島・徳之島、平坦な喜界島《きかいじま》・沖永良部島《おきのえらぶじま》・与論島《よろんじま》などからなる群島。亜熱帯照葉樹林に覆われ、ウケユリ、トクノシマエビネなどの固有植物、アマミノクロウサギなど希少動物が生息。奄美大島の金作原《きんさくばる》原生林ではヒカゲヘゴが見られる。徳之島、与論島のサンゴ礁でのシュノーケリングも楽しい。海に生きる島人の独特の文化も堪能できる。

32 やんばる国立公園

沖縄

「やんばる（山原）」とは沖縄本島北部に広がる亜熱帯の照葉樹林帯のこと。石灰岩の海食崖とカルスト地形、マングローブ林など多様な自然景観が楽しめる。やんばる地域は生物多様性に恵まれ、ヤンバルクイナなどの鳥類、オキナワイシカワガエル、ヤンバルテナガコガネなどの固有種が生息。ガイド付きのトレッキングやカヌーツアーが提供されている。

34 西表石垣《いりおもていしがき》国立公園

沖縄

日本最南端の国立公園。西表島は国内最大のマングローブ林を有し、カヌーツアーなども盛んに行われている。亜熱帯の森には、イリオモテヤマネコ、カンムリワシなど希少な野生動物が生息。石垣島と西表島の間は日本最大のサンゴ礁が広がり、ナンヨウマンタの雄姿が観察できる。

本書は「日本博」関連事業の一環として刊行されました。

「日本博」は、東京オリンピック・パラリンピック競技大会を契機に、総合テーマ「日本人と自然」の下、日本全国で日本の文化芸術に流れる「日本の美」を国内外に発信し、次世代へ伝えることで更なる未来の創生を目指す文化芸術の祭典です。

縄文時代から現代まで1万年以上もの間、私たちは大自然の多様性を尊重し、生きとし生けるもの全てに命が宿ると考えてきました。そして、それらを畏敬する「心」を文化芸術や日々の暮らしで表現してきました。

縄文土器をはじめ、仏像のような彫刻、浮世絵や屛風といった絵画、漆器などの工芸、着物などの染織、能や歌舞伎で知られる伝統芸能、文芸、漫画・アニメなどを含む様々な芸術分野も、この国の風土や日本人の自然観が反映されています。また、衣食住をはじめとする暮らし・生活様式においても、人が自然に対して共鳴、共感する「心」を具現化し、その「美意識」を大切にしてきました。

縄文時代から現代まで続く文化芸術を伝えるこの祭典が、人々の交流を促して感動を呼び起こし、世界の多様性の尊重、普遍性の共有、平和への祈りへとつながることを希求しています。

文化庁
独立行政法人日本芸術文化振興会

information

環境省

日本語

Facebook
https://www.facebook.com/KankyoJpn.gov

環境省公園サイト
https://www.env.go.jp/park

英語

Facebook
https://www.facebook.com/NationalParksOfJapan

Instagram
https://www.instagram.com/nationalpark_japan

JNTO
https://www.japan.travel/national-parks

大山

大山ナショナルパークセンター
鳥取県西伯郡大山町大山40-33
https://tottoridaisen.web.fc2.com

大神山神社奥宮
鳥取県西伯郡大山町大山
www.oogamiyama.or.jp

大山の頂上を保護する会
鳥取県西伯郡大山町大山40-33
大山ナショナルパークセンター
自然公園財団内

日本ハンザキ研究所
https://www.hanzaki.net/

BUSHIDO
https://www.bushidojapan.com/salamander

天台宗別格本山角磐山大山寺
鳥取県西伯郡大山町大山59
http://daisenji.jp

宿坊 観證院 山楽荘
鳥取県西伯郡大山町大山14
https://www.san-raku.jp

出雲大社
島根県出雲市大社町杵築東195
http://www.izumooyashiro.or.jp

出雲大社かたりべガイドの会
島根県出雲市大社町北荒木441-3
http://www.izumo-kankou.gr.jp

国民宿舎さんべ荘
島根県大田市三瓶町志学2072-1
https://www.sanbesou.jp

隠岐

佐々木家住宅
島根県隠岐郡隠岐の島町今津346-2
〈連絡先〉隠岐の島町 教育委員会
社会教育課 文化振興係

こころ旅館
島根県隠岐郡隠岐の島町東町宇屋の下16-2
http://cocoro-ryokan.com

隠岐しぜんむら
島根県隠岐郡海士町大字海士5328-6
http://www.sizenmura.com

八幡黒曜石店
島根県隠岐郡隠岐の島町久見320

十和田

十和田湖ガイドハウス 櫂
青森県十和田市大字奥瀬字十和田湖畔
休屋486（喫茶 憩い内）
http://tgkai.jp

奥入瀬自然観光資源研究会
青森県十和田市西二十三番町11-1
サングリーン103
https://www.oiken.org

暮らしのクラフト ゆずりは
青森県十和田市大字奥入瀬字十和田湖畔休屋486
http://www.yuzuriha.jp

八幡平

玉川温泉
秋田県仙北市田沢湖玉川字渋黒沢
https://www.tamagawa-onsen.jp

蒸ノ湯温泉
秋田県鹿角市八幡平字熊沢国有林内
http://www.fukenoyu.jp

北海道

川湯エコミュージアムセンター
北海道川上郡弟子屈町川湯温泉2-2-6
https://www.kawayu-eco-museum.com

阿寒湖畔エコミュージアムセンター
北海道釧路市阿寒町阿寒湖温泉1-1-1
http://business4.plala.or.jp/akan-eco

阿寒湖アイヌシアター イコロ
北海道釧路市阿寒町阿寒湖温泉4-7-84

温根内ビジターセンター
北海道阿寒郡鶴居村温根内
http://www.kushiro-shitsugen-np.jp/kansatu/onnenaiv

塘路湖エコミュージアムセンター
「あるこっと」
北海道川上郡標茶町塘路原野
http://www.kushiro-shitsugen-np.jp/kansatu/tooroedo

鶴居・伊藤タンチョウサンクチュアリ
日本野鳥の会保全プロジェクト推進室
北海道阿寒郡鶴居村字中雪裡南
http://park15.wakwak.com/~tancho

ワッカヌプリ
北海道川上郡弟子屈町サワンチサップ6-8
https://wakkanupuri.com

取材・編集・執筆　宮下信子（8～41ページ）
編集　中村 伸（44～75、78～83ページ）
青木一平（88～93ページ）
ブックデザイン・本文DTP　浅妻健司
地図作成　アトリエ・プラン
イラストレーション　小林マキ
校正　松井由理子
酒井清一
撮影　安井 進
松川真介
岡田ナツ子
久保田彩子

国立公園を旅する

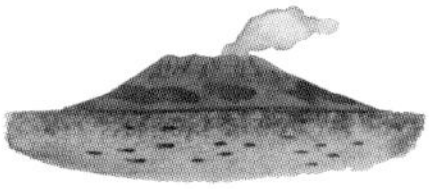

発行日　2020年4月25日　第1刷発行

企画　日本国際放送
©2020 Japan International Broadcasting
編集　NHK出版
協力　環境省
発行者　森永公紀
発行所　NHK出版
〒150-8081　東京都渋谷区宇田川町41-1
電話　0570-002-143（編集）
0570-000-321（注文）
ホームページ　http://www.nhk-book.co.jp
振替　00110-1-49701
印刷・製本　凸版印刷

落丁・乱丁はお取り替えいたします。定価はカバーに表示してあります。

Printed in Japan　ISBN978-4-14-081817-6　C0026